KB009354

다시 시작하는 영어

맨 패턴
처음 영어

E&C

MENTORS

영어회화말하기
맨처음 패턴영어

2020년 03월 11일 인쇄
2020년 03월 18일 발행

지은이   E & C
발행인   Chris Suh
발행처   MENT◍RS

경기도 성남시 분당구 분당로 53번길 12 313-1
TEL 031-604-0025 **FAX** 031-696-5221
www.mentors.co.kr
blog.naver.com/mentorsbook

＊ Play 스토어 및 App 스토어에서 '멘토스' 검색해 어플다운받기!

등록일자   2005년 7월 27일
등록번호   제 2009-000027호
I S B N   979-11-86656-96-9
가   격   15,000원(MP3 무료다운로드)

잘못 인쇄된 책은 교환해 드립니다.
이 책에 게재된 내용의 일부 또는 전체를 무단으로 복제 및 발췌하는 것을 금합니다.

10년 영어를 해도 말 한마디 하지 못하는 것은 영어회화에 투자한 절대적인 시간부족이 주원인이긴 하지만 그에 못지 않게 영어회화학습의 요령부족에 기인한다. 들려야 말할 수 있다는 강한 신념 하에 많은 시간을 리스닝에 할애하거나 영어회화 해보겠다고 오로지 단문의 영어문장을 암기하거나 상황별 영어회화에 집중한 탓도 무시 못할 원인이다. 심지어는 철없는 완벽주의(?)인지는 몰라도 부질없이 영어 처음부터 다시 시작한다고 비장한 각오로 문법부터 다시 시작하는 경우도 있다. 차근차근 기초부터 다지겠다는 맘이야 가상하지만 그래가지고는 전형적으로 영어를 해도해도 안되는 불량 동호회에 자연 가입하게 될 뿐이다. 마치 100m 스타트를 정확히 하겠다고 계속 출발연습만 하는 사람과 마찬가지 일 것이다.

이제 그런 전철은 밟지 말자. 준비운동은 준비운동으로 끝내고 이젠 본론으로 들어가야 한다. 문법을 몰라도, 잘 안들려도 영어로 말할 수 있다. 가장 중요한 것은 기본적인 영어회화교재로 영어회화공부를 하는 것이다. 그 안에 문법이 들어있고 또 하다 보면 자연 들리게 된다. 반면 가장 큰 해악은 영어를 해도 해도 안 된다는 체념과 영어실력이 너무 딸린다고 하는 푸념일게다. 이제 나도 할 수 있다는 자신감으로 바로 영어회화에 도전해보자.

그럼 영어로 말 한마디 못하는 왕초보에게 가장 좋은 영어회화 학습방법은 무엇일까? 그것은 뭐니 뭐니해도 패턴식 학습법이다. 모든 언어가 그렇듯 영어에도 반복적으로 많이 쓰이는 패턴들이 있다. 이 많은 패턴들 중에서도 가장 기본적인 영어회화문장을 만들어내는 패턴들이 있다. 패턴이란 문장이 아니라 여러 다양한 문장을 만들어내는 공식과도 같은 것으로 한 마리의 물고기가 아니라 물고기 잡는 방법이라고 말할 수 있다. 물론 모든 문장을 패턴화할 수는 없지만 회화에서 많이 쓰이는 패턴들을 익혀두고 잘 활용할 수 있다면 처음 영어 말하기 하는 데 커다란 도움이 될 것이다.

이책 〈맨처음 패턴영어〉는 영어회화를 처음 시도해보는 기초자 혹은 여러 번 시도해봤지만 한마디도 못하고 제자리에서 맴맴 도는 안타까운 사람들이 영어를 실제 말할 수 있도록 꾸며진 영어회화학습서이다. 영어회화에서 가장 기본적이면서도 가장 많이 쓰이는 것들만 모아 모아서 211개를 선정하였다. 각 패턴별로 간결한 요점정리로 패턴의 용도를 숙지한 다음 원어민들이 읽어주는 필수핵심문장을 달달 외우고 대화를 익힌다면 많은 영어회화문장을 만들 수 있는 노하우가 머리 속에 꼭꼭 저장될 것이다. 더군다나 각 패턴이 끝나는 시점에서 패턴을 이용하여 새로운 영어문장을 직접 만들어 보는 연습을 충실히 할 수 있도록 꾸며져 있어 더욱 효과적으로 패턴을 학습할 수 있게 구성되어 있다. 영어회화를 하다보면 안 쓸 수 없는 패턴들만 모았기 때문에 이 211개의 패턴을 다 학습하고 무한반복하면서 입에 착 달라붙게 하면 영어회화문장이 입에서 술술 나오는 자신의 모습을 보게 될 것이다.

가장 좋은 학습법은 그 무엇이든 자기가 선택한 책을 무한반복하여 자기 걸로 만든 것이다. 학습한 211개의 패턴들을 잊지 않고 계속 반복적으로 복습하고 또 그 패턴들을 이용해 거리를 걸을 때나 전철에서 여러 문장을 만들어보는 훈련을 일상화한다면 여러분은 더 이상 영어회화 왕초보라 불리지 않을 것이다.

이 책의
특장및 구성

1 영어말하기에 꼭 필요한 생기초적인 패턴 211개를 모았다.

2 각 패턴의 핵심문장만을 달달 외우면

3 영어생기초자도 네이티브처럼 말할 수 있게 된다.

4 바로바로 CHECK!을 통해 학습한 패턴을 바로 응용해 볼 수 있다.

5 현지 원어민의 생생한 녹음을 통해 각 패턴을 생동감있게 기억할 수 있다.

1 Chapter
각 패턴의 구조적 특성에 따라 총 7개의 Chapter로 대분하였다.

2 왕초보탈출패턴 211
영어회화를 맨처음부터 (다시) 시작하는 사람들이 꼭 알아야 영어로 말할 수 있도록 영어회화에 꼭 필요한 그래서 영어기초자들이 꼭 알아야하는 패턴 211개를 엄선하였다.

3 바로바로 CHECK!
왕초보탈출패턴의 핵심문장을 달달 외우고 네이티브를 따라 생동감있는 대화를 따라해본 후에는 각 패턴을 응용하여 직접 영어문장을 만들어보는 연습을 해본다. 수동적으로 외우고 따라하기 보다는 직접 자기가 영어문장을 만들어보는 훈련을 함으로써 각 패턴을 오래 기억할 뿐만 아니라 각 패턴에 대한 자신감도 생겨 자연 영어회화실력이 자신도 모르게 나아지게 된다.

4 MP3 파일
왕초보 탈출패턴 211개의 모든 핵심문장과 대화를 현지 원어민이 녹음하여 생동감있고 현장감있는 영어를 몸에 습득할 수 있게 된다.

이 책의
사용법

맨처음 패턴영어
영어회화하는 꼭 필요한 왕초보패턴 211개

001
왕초보맨처음패턴!

I'm+명사~   난 …이야

핵심문장 달달외우기
- I'm 뒤에 이름, 직업, 자격 등의 명사가 오는 자기 소개의 패턴.
- 처음 만나 이름을 말할 때 혹은 직업이 무엇인지 등을 말할 때 사용하며
- 'I'와 이어지는 명사와의 관계는 동격이다.

I'm Korean	난 한국사람이야
I'm a lawyer	전 변호사입니다
I'm her boyfriend	내가 걔 남자친구야
I'm his brother[sister]	제가 그 남자 동생이죠
I'm a student at Harvard	난 하버드 대학의 학생이야
I'm one of his friends	난 그 사람의 친구야

네이티브처럼 말해보기
A: You know Samantha, right? 사만다랑 아는 사이죠, 그렇죠?
B: Yes, I'm her boyfriend. 그럼요. 전 사만다 남자친구인걸요.
A: What kind of job do you do? 무슨 일을 하시나요?
B: I'm a lawyer. 변호사입니다.

바로바로 CHECK!
I'm~ 다음에 다양한 명사를 넣어보자.

1. 난 그 동아리의 리더야 (the leader of)

2. 난 손흥민의 팬이야 (a fan of)

3. 이 체육관에서 트레이너입니다 (at the gym)

: I'm the leader of the club : I'm a fan of Son heuing-min : I'm a trainer here at the gym

16 맨처음 패턴영어

핵심문장 달달외우기

왕초보패턴의 쓰임새를 자세히 알아보고 패턴을 이용해서 꼭 써봐야 하는 필수 핵심문장들을 정리.

네이티브처럼 말해보기

암기한 필수 핵심문장 등을 토대로 네이티브처럼 대화해보는 공간.

바로바로 CHECK!
보고 읽고 아는 건 아는 게 아니다. 직접 자기가 패턴을 토대로 만들어보면서 다양한 문장을 직접 만들 수 있는 능력을 훈련해본다.

목차

나와 너를 말하는 영어회화 생기초 패턴 001-029

001 I'm+명사~ 난 …이야   016

002 I'm+형용사 난 …해   017

003 I'm happy with ~ …해서 기뻐   018

004 I'm+과거분사 난 …해   019

005 I'm married to ~ 나 …와 결혼했어   020

006 I'm+전치사+명사 난 …해   021

007 I'm sure~ …가 틀림없어, …가 확실해   022

008 I'm afraid~ 유감이지만 …야   023

009 I'm glad~ …하게 되어 기뻐   024

010 I'm sorry about~ …해서 미안해   025

011 I'm sorry to~ …해서 미안해[안됐어]   026

012 I'm sorry~ …해서 미안해   027

013 I'm ~ing 나 …하고 있는 중이야   028

014 He's ~ing 걔는 …하고 있어   029

015 I'm going to~ …에 가고 있어   030

016 I'm going to~ …할거야   031

017 Am I~ ? …해?   032

018 Am I ~ing/pp? 내가 …해?   033

019 You are~ 넌 …해[야]   034

020 You're such a~ 넌 정말 …해   035

021 You are+형용사 너 …해   036

022 You're+~pp 넌 …해   037

023 You're+~ing 너 지금 ~하고 있구나   038

024 Are you+명사 ~? 넌 …야?   039

025 Are you+형용사 ~? 넌 …해?   040

026 Are you ready~? …할 준비됐어?   041

027 Are you sure~? …가 확실해?   042

028 Are you+과거분사 ~? 넌 …했어?   043

029 Are you+~ing? 너 지금 ~하는 거니?   044

This/That/It~ 으로 시작하는 아주아주 쉬운 패턴 030-070

030 This is+사람명사 얘는 …야   046

031 This is+명사 이것은 …야   047

032 This is+형용사 이거 …해   048

033 This is+ ~ing/pp 이거 …해   049

034 This is what~ 바로 이게 …한 거야   050

035 This is not~ 이건 ~가 …하는 게 아니야   051

036 This is going to~ …한 일이 될거야   052

037 Is this+형용사? 이거 …야?   053

038 Is this+명사? 이거 …야?   054

039 Is this for~? 이거 …야?   055

040 That is+형용사 …야   056

041 That is+명사 …야   057

042 That's what~ 그게 바로 …가 …하는 거야   058

043 That's why~ 그래서 …가 …하는 거야   059

044 That's because~ 그건 …하기 때문이야   060

045 That will[would] be~ …할거야   061

046 That+일반동사 …해   062

047 That sounds~ …인 것 같아   063

048 That sounds like~ …한 것 같아   064

049 It is+형용사 …야, …해   065

050 It is +명사 …야   066

051 It's+전치사구 그건 …에 있어   067

052 It is~ to~ …하는게 …해   068

053 It's~ that~ …하는 게 …해   069

054 Is it~? …해?   070

목차

055 **Is it~ to~?** …하는 게 …해?   071

056 **Is it okay~?** …해도 돼?   072

057 **It+동사** …해   073

058 **It takes+시간+to~** …하는데 …가 걸려   074

059 **It takes+명사+to~** …하는데 …가 필요해   075

060 **It seems ~** …인 것 같아   076

061 **It seems like~** …인 것 같아   077

062 **He seems~** 걘 …한 것 같아   078

063 **사물주어+동사** …해   079

064 **사물주어 don't[doesn't]+동사** …하지 않아   080

065 **사물주어+be ~** …해   081

066 **사물주어 be ~ing** …하고 있어   082

067 **사물주어 be+pp** …한 상태야   083

068 **Here is~** 여기[이거] …   084

069 **There is~** …가 있어   085

070 **There are~** …가 있어   086

Chapter 03

조동사를 활용한 다양한 패턴 071-103

071 **I'd like~** …을 원해요   088

072 **I'd like to~** …하고 싶어   089

073 **I'd like to, but~** 그러고 싶지만 …   090

074 **I'd rather~** (차라리) …하는게 낫겠어   091

075 **I'd rather~ than~** …하느니 차라리 …하겠어   092

076 **Would[Could] you~?** …해줄래요?   093

077 **Would you like~?** …할래요?, …을 줄까?   094

078 **Would you like to~?** …할래요?   095

079 **Would you mind~ ?** …해도 괜찮아요?   096

080 **Would you mind if~ ?** …해도 괜찮겠어요?   097

081 **I can~** 난 …을 할 수 있어   098

082 **I can't~** …할 수 없어   099

083 **You can~** 넌 …을 할 수 있어, 넌 …해도 돼   100

084 **You can't~** …하면 안돼   101

085 **Can I~?** …해줄까?, …해도 될까?   102

086 **Can I have ~?** …을 줄래요?   103

087 **Can you~ ?** …해줄래?   104

088 **May I~?** …해도 될까요?   105

089 **She may~** …일 수도 있어   106

090 **I will~** …할거야   107

091 **You will~** 너 …하게 될 거야   108

092 **I won't~** …하지 않을게   109

093 **Will you~?** …해줄래?   110

094 **Shall we~?** …할까요?, …하자   111

095 **Shall I~ ?** 내가 …해드릴까요?   112

096 **You should~** …해야지   113

097 **Should I~ ?** 내가 …해야 돼?   114

098 **I have to~** …해야 해   115

099 **We have to~** 우린 …해야 돼   116

100 **Do I have to~ ?** 내가 …해야 돼?   117

101 **You have to~** 너 …해야지   118

102 **You don't have to~** …하지 않아도 돼   119

103 **Do you have to~ ?** 너 …를 해야 돼?   120

Chapter
04

Have & Get이 만들어내는 왕기초 패턴 104-124

104 **I have~** …을 갖고 있어, …가 있어   122

105 **I have+비형체명사** …가 있어   123

106 **I have+질병** …가 있어, …가 아파   124

107 **I have~** …을 먹다   125

108 **I have no~** …가 없어   126

목차

109 I have ~pp …을 …했어   127

110 have+명사+동사/~ing …하게 하다   128

111 You have~ 너 …이네, …하구나   129

112 Do you have~? 너 …갖고 있어?   130

113 Do you have any~ ? 뭐 …가 있어?   131

114 I got~ …을 받았어, 얻었어   132

115 I got+장소명사 …에 도착했어   133

116 I got+기타명사 …했어   134

117 get + 형용사 …해지다   135

118 get+pp …해졌어   136

119 get+사람+사물 …에게 …을 갖다주다   137

120 get+명사+형용사 …을 …하게 하다   138

121 get+명사+pp …을 해 받다, 당하다   139

122 get+명사+to~ …하게 만들다   140

123 I've got~ …가 있어   141

124 I've got to~ …해야 돼   142

Chapter 05

Like, think, know, need, mean 등을 이용한 실속 패턴 125-158

125 I like~ …을 좋아해   144

126 I like to~ …하는 걸 좋아해   145

127 I don't like~ …을 좋아하지 않아   146

128 I don't like to~ …하기 싫어   147

129 Do you like~ ? …를 좋아해?   148

130 Do you like to~? …하는 걸 좋아해?   149

131 I know~ …을 알아   150

132 I know that~ …을 알아   151

133 I don't know~ …을 몰라   152

134 I don't know about~ …에 대해서 몰라   153

135 I don't know what~ …을 몰라   154

136 **Do you know~?** 너 …을 알아?   155

137 **Do you know anything about~ ?**
…에 대해 뭐 좀 알아?   156

138 **Do you know that/what~?** …을 알아   157

139 **I think~** …인 것 같아   158

140 **I don't think~** …아닌 것 같아   159

141 **Do you think~ ?** …라고 생각해?   160

142 **I enjoyed~** …가 즐거웠어   161

143 **I enjoyed ~ing** …가 즐거웠어   162

144 **I feel~** …한 느낌야, …해   163

145 **I feel like ~ing** …을 하고 싶어   164

146 **I need~** …가 필요해   165

147 **I need to~** …해야 해   166

148 **I don't need to~** 난 …하지 않아도 돼   167

149 **I hope~** …하기를 바래   168

150 **I hope ~ not** …하지 않았으면 좋겠어   169

151 **I wonder~** …인지 궁금해   170

152 **I wonder if~** …인지 아닌지 모르겠어   171

153 **I was wondering if you could~** …해주실래요?   172

154 **I used to~** 예전에 …했어   173

155 **You look~** 너 …하게 보여   174

156 **(Do) You mean~?** …라는 말이지?   175

157 **(Do) You mean 주어+동사?** …라는 말이지?   176

158 **I mean~** 내 말은 …   177

Chapter
06

여러 정보를 얻을 수 있는 의문형 패턴 159-189

159 **What is~?** …가 뭐야?   180

160 **What are you~ ?** 지금 무엇을 …해?   181

161 **What do you~ ?** 무엇을 …해?   182

목차

162 **What can~?** 무엇을 …할 수 있어? 183

163 **What time~ ?** 몇시에 …해? 184

164 **What kind of~ ?** 어떤 …을 …해? 185

165 **What makes you~ ?** 어째서 …하는 거야? 186

166 **What brings you~ ?** …에는 어쩐 일이야? 187

167 **When is~?** …가 언제야? 188

168 **When do ~?** 언제 …을 …해? 189

169 **When can~ ?** 언제 …해? 190

170 **Where is ~ ?** …가 어디야? 191

171 **Where do~?** 어디에서 …해? 192

172 **Where can~?** 어디서 …할 수 있어? 193

173 **Who is~?** …가 누구야? 194

174 **Who's going to~?** 누가 …할거야? 195

175 **Who did you~?** 누가 …했어? 196

176 **Why do you~?** 왜 …해? 197

177 **Why don't you~?** …하자 198

178 **How is~?** …가 어때? 199

179 **How do you~?** 어떻게 …해? 200

180 **How about~ ?** …하는 건 어때? 201

181 **How many~ ?** 얼마나 많이…? 202

182 **How much~ ?** 얼마나…? 203

183 **How often~?** 얼마나 자주…? 204

184 **Which~?** 어떤 것이…? 205

185 **Which+(대)명사~?** 어떤 …? 206

186 **Which~, A or B?** 둘 중 어느 것이 더…? 207

187 **Can you tell me~ ?** …을 말해줄래? 208

188 **Can you tell me what~?** …을 말해줄래요? 209

189 **Can you tell me where~?** …가 어디인지 말해줄래요? 210

190 Thank you for~ …해서 고마워   212

191 I appreciate~ …가 고마워   213

192 Excuse me ~ 실례지만 …   214

193 Please excuse~ …을 양해해주세요   215

194 It is ~, isn't it? … 그렇지?   216

195 It's not~, is it? …그렇지?   217

196 What a~! 정말 …해   218

197 Be~ …해   219

198 Take~ …해   220

199 Don't be~ …하지마   221

200 Don't~ …하지마   222

201 Never~ …하지마   223

202 Let's~ …하자   224

203 Let me~ …할게   225

204 Let me know~ …을 알려줘   226

205 I have+pp~ …했어   227

206 If+현재~ I will~ …하면 …할거야   228

207 If I+과거, I could~ …라면 …할텐데   229

208 If I had~, I would have~ …했더라면 ~했을텐데   230

209 I wish~ …라면 좋겠는데   231

210 If I were you~, I would~ 내가 너라면 …할텐데   232

211 I should have~ …했어야 했는데   234

다시
시작하는
영어

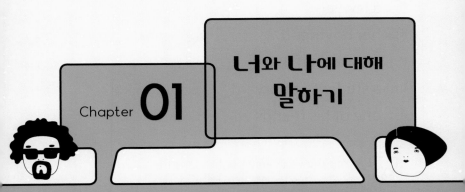

Chapter **01**

너와 나에 대해
말하기

왕초보탈출패턴 001-029

I'm+명사~ 난 …이야

핵심문장
달달외우기

▸ I'm 뒤에 이름, 직업, 자격 등의 명사가 오는 자기 소개의 패턴.
▸ 처음 만나 이름을 말할 때 혹은 직업이 무엇인지 등을 말할 때 사용하며
▸ 'I'와 이어지는 명사와의 관계는 동격이다.

I'm Korean	난 한국사람이야
I'm a lawyer	전 변호사입니다
I'm her boyfriend	내가 걔 남자친구야
I'm his brother[sister]	제가 그 남자 동생이죠
I'm a student at Harvard	난 하버드 대학의 학생이야
I'm one of his friends	난 그 사람의 친구야

네이티브처럼
말해보기

A: You know Samantha, right? 사만다랑 아는 사이죠, 그렇죠?
B: Yes, **I'm** her boyfriend. 그럼요, 전 사만다 남자친구인걸요.
A: What kind of job do you do? 무슨 일을 하시나요?
B: **I'm** a lawyer. 변호사입니다.

바로바로 CHECK!
I'm~ 다음에 다양한 명사를 넣어보자.

1. 난 그 동아리의 리더야 (the leader of)

2. 난 손흥민의 팬이야 (a fan of)

3. 이 체육관에서 트레이너입니다 (at the gym)

I'm+형용사 난 …해

핵심문장
달달외우기

▶ I'm 뒤에 형용사가 와서 '나'의 상태를 말한다

▶ 다시 말해서 이 형용사는 주어인 'I'가 기쁜지, 슬픈지, 만족하는지, 잘하는지,
못하는지 등의 다양한 상태를 표현한다.

I'm happy	난 행복해
I'm depressed	우울해
I'm so tired	굉장히 피곤해
I'm ready	준비됐어
I'm serious	나 지금 심각해[농담아냐]
I'm late	늦었어요(보통 I'm sorry 다음에)
I'm fine[okay, all right]	난 괜찮아

네이티브처럼
말해보기

A: **I'm** happy because tomorrow is a holiday. 내일이 휴일이라 기뻐.

B: What do you plan to do? 뭐 할 건데?

A: **I'm** so tired. I've been studying all night. 넘 피곤해. 밤새 공부했거든.

B: Why don't you take a break? 잠깐 쉬지 그래?

바로바로 CHECK!

I'm~ 다음에 다양한 형용사를 넣어보자.

1. 이번 주 내내 한가해 (all week)

2. 난 뚱뚱하지 않아 (fat)

3. 나 화풀렸어 (not~anymore)

1. I'm free all week 2. I'm not fat 3. I'm not angry anymore

I'm happy with ~ …해서 기뻐

핵심문장
달달외우기

▸ I'm+형용사를 응용한 패턴으로 형용사 뒤에 전치사+명사를 덧붙인다.
▸ 무엇 때문에 혹은 무엇에 관해 내가 '형용사'한 지를 설명하는 구문으로
▸ be happy with, be proud of, be good at 등의 유명구문이 이에 속한다.

I'm happy with **that**	난 그거에 만족해
I'm depressed about **my divorce**	난 이혼해서 우울해
I'm good at **swimming**	난 수영을 잘 해
I'm mad at **you**	나 너한테 화났어
I'm sick of **her lies**	걔 거짓말에는 넌더리가 나
I'm allergic to **strawberries**	난 딸기 알레르기가 있어
I'm proud of **you**	난 네가 자랑스러워

네이티브처럼
말해보기

A: **I'm mad at** her. 나 걔한테 화났어.
B: Oh? Why is that? 이런, 뭣 때문에?

A: Come here and try some of this. 이리 와서 이것 좀 먹어봐.
B: I can't. **I'm allergic to** peaches. 안돼. 난 복숭아 앨러지가 있어.

바로바로 CHECK!
I'm+형용사 다음에 다양한 전치사+명사를 붙여봅시다.

1. 어서 휴가를 갔으면 해 (be so eager to)

2. 난 선물사는데 젬병야 (buying gift)

3. 네가 넘 좋아 (be crazy about)

1. I'm so eager to have a vacation 2. I'm terrible at buying gifts 3. I'm just crazy about you

I'm+과거분사 난 …해

핵심문장
달달외우기

▶ I'm 뒤에 동사의 형용사 대신 과거분사형이 오는 경우로
▶ 앞의 경우와 마찬가지로 'I'가 처한 상황이나 상태를 나타낸다.
▶ 특히 worried, confused, surprised 등 감정을 표현할 때 많이 사용된다.

I'm lost	나 길을 잃었어
I'm done	(일 등이) 끝났어
I'm worried	걱정돼
I'm confused	헷갈려[혼란스러워]
I'm embarrassed	당황스러워[창피해]
I'm surprised	놀랐어
I'm married	나 결혼했어

네이티브처럼
말해보기

A: **I'm** confused. Where is his apartment? 헷갈리네. 걔네 집이 어디야?

B: It's in this neighborhood. 이 근처에 있어.

A: Can you help me? **I'm** lost. 좀 도와주실래요? 길을 잃었어요.

B: Sure. Where do you want to go? 그러죠. 어디 가시려고요?

바로바로 CHECK!
I'm~ 다음에 다양한 과거분사를 넣어봅시다.

1. 정말 피곤해요 (so exhausted)

2. 너무 혼란스러워 (all mixed up)

3. 정말 무서워 (so scared)

1. I'm so exhausted 2. I'm all mixed up 3. I'm so scared

I'm married to ~ 나 …와 결혼했어

핵심문장
달달외우기

▶ 내가 어떻게 '과거분사'한 상태가 되었는지를 설명하는 구문으로

▶ I'm+과거분사 뒤에 '전치사+명사'의 형태를 덧붙여 부연설명한다.

▶ be married to, be worried about 등이 대표표현이다.

I'm married to Sean	션과 결혼했어
I'm lost in the woods	숲속에서 길을 잃었어요
I'm stuck in traffic	(지금) 차가 막혀서 꼼짝달싹 못해
I'm worried about him	그 사람이 걱정돼
I'm interested in politics	난 정치에 관심있어

네이티브처럼
말해보기

A: Is that woman your girlfriend? 저 여자가 네 여자친구지?

B: No, **I'm married to** her. 아니. 내 아내야.

A: Are you on your way home right now? 지금 집에 오는 길이야?

B: Yes, but **I'm stuck in** traffic. 응. 근데 차가 막혀서 꼼짝달싹 못해.

바로바로 CHECK!
I'm+과거분사~ 다음에 다양한 전치사+명사를 넣어봅시다.

1. 부끄러운 일이야, 부끄러워 혼났어 (be ashamed of)

2. 너한테 질렸어!, 더 이상 못 참겠어! (be fed up with)

3. 질 네게 실망했어 (be disappointed in)

1. I'm ashamed of you 2. I'm fed up with you! 3. I'm disappointed in you, Jill

I'm + 전치사 + 명사 난 …해

핵심문장
달달외우기

▶ I'm 다음에는 꼭 명사나 형용사만 오는 것은 아니다.

▶ 이번에는 I'm 다음에 바로 전치사구나 부사가 오는 경우로

▶ 좀 낯설지만 거의 굳어진 숙어표현이 대다수로 한번 외워두면 편하다.

I'm at work	나 일하고 있어[일터에 있어]
I'm in trouble	곤경에 처했어
I'm with you	나도 같은 생각이야[동감이야]
I'm against the policy	난 그 정책에 반대해
I'm on vacation	나 휴가 중이야
I'm in love	난 사랑에 빠져 있어
I'm in[out]	난 낄래[빠질래]

네이티브처럼
말해보기

A: Give me a hand. **I'm in** trouble. 도와줘. 난처한 일이 생겼어.

B: What kind of help do you need? 어떤 도움이 필요한 거야?

A: Do you want to join us for dinner? 우리랑 같이 저녁 먹을래?

B: **I'm in.** Where do you want to go? 같이 갈래. 어디 가려고 하는데?

바로바로 CHECK!
I'm~ 다음에 다양한 전치사구를 넣어봅시다.

1. **나 다이어트 중이야** (be on a diet)

2. **나 내일 비번이야** (be off)

3. **나 돌아왔어** (be back)

I'm sure~ …가 틀림없어, …가 확실해

핵심문장
달달외우기

▶ I'm ~ 형태의 관용어구중 하나로

▶ I'm sure+주어+동사하게 되면 「틀림없이 …야」, 「…가 확실해」라는 의미.

▶ 반대로 I'm not sure~하면 확신이 없을 때 「…을 잘 모르겠다」라는 표현법.

I'm sure I locked the door   난 틀림없이 문을 잠궜어

I'm not sure Jimmy did it   지미가 그 일을 했는지는 잘 모르겠어

I'm not sure he will come   걔가 올지 잘 모르겠어

I'm sure she will help us   걔는 틀림없이 우릴 도와줄 거야

I'm sure he[she] doesn't love you

걔는 널 사랑하지 않아, 틀림없어

네이티브처럼
말해보기

A: Did you invite Andy? 앤디 초대했니?

B: Yes, but **I'm not sure** he will come. 응, 하지만 올지 모르겠어.

A: **I'm sure** she doesn't love you. 걘 널 사랑하지 않아, 틀림없어.

B: How can you be so certain? 어떻게 그렇게 단정지어?

바로바로 CHECK!
l I'm (not) sure~ 다음에 다양한 문장을 넣어보자.

1. 난 그걸 할 수 있다고 확신해 (can do)

2. 넌 시험에 꼭 합격할거야 (pass the exam)

3. 며칠 지나면 괜찮아질거야 (in a few days)

1. I'm sure I can do it 2. I'm sure you'll pass the exam 3. I'm sure you'll be fine in a few days

I'm afraid~ 유감이지만 …야

핵심문장
달달외우기

▸ be afraid of는 「…을 걱정하다」, 「두려워하다」가 기본의미이지만
▸ I'm afraid~ 구문은 상대방의 말과 어긋나거나 혹은 안좋은 일을 말할 때
▸ 공손하게 하는 말로 「유감이지만…」, 「안됐지만…」 이라는 의미.

I'm afraid you have the wrong number
잘못 거신 것 같네요(전화에서)

I'm afraid so   (유감이지만) 그런 것 같네요

I'm afraid not   (유감이지만) 그렇지 않은 것 같네요

I'm afraid I can't help you   유감스럽지만 널 도와줄 수가 없어

네이티브처럼
말해보기

A: You always drink my orange juice.
넌 늘 내 오렌지주스를 마시더라.

B: **I'm afraid** I didn't do it this time. 미안하지만 이번엔 안그랬어.

A: Can I speak to your boss? 윗분과 얘기할 수 있을까요?

B: **I'm afraid not.** He's very busy right now.
죄송하지만 지금 굉장히 바쁘세요.

바로바로 CHECK!
다음에 다양한 문장을 넣어보자.

1. 제가 한 게 아닌데요 (didn't do)

2. 선약이 있는데요 (have another appointment)

3. 뭐라고 해야 할지 모르겠어요 (what to say)

1. I'm afraid I didn't do it 2. I'm afraid1 I have another appointment 3. I'm afraid I don't know what to say

I'm glad~ …하게 되어 기뻐

핵심문장
달달외우기

▶ 「…하게 되어 기쁘다」라고 말하는 표현법으로

▶ I'm glad 이하에 내가 기뻐하는 이유를 말하면 된다.

▶ 형태는 I'm glad to+동사 혹은 I'm glad 주어+동사로 사용한다.

I'm glad to hear that	그 얘기를 들으니 기뻐
I'm glad to meet you	만나게 되어 반갑습니다
I'm glad you are here	네가 와줘서 기뻐
I'm glad you like it	맘에 든다니 기뻐

네이티브처럼
말해보기

A: She told me that she feels much better.
개가 그러는데 훨씬 나은 것 같대.

B: **I'm glad to hear that.** 그 얘길 들으니 기쁘군.

A: Thank you for the present. These are lovely ear rings.
선물 고마워. 귀걸이 예쁘더라.

B: **I'm glad you like them.** 맘에 든다니 기뻐.

바로바로 CHECK!
다음에 다양한 to+동사 혹은 문장을 넣어보자.

1. 개가 괜찮다니 다행이네 (be all right)

2. 즐거웠다니 기뻐요 (enjoy it)

3. 그렇게 생각해줘서 다행야 (think so)

1. I'm glad he's all right 2. I'm glad you enjoyed it 3. I'm glad you think so

I'm sorry about~ …해서 미안해

핵심문장
달달외우기

▸ '미안'할 때 혹은 안좋은 일을 당한 상대방에게 '안됐다'라고 말할 때도 쓴다.

▸ I'm sorry 다음에 about+명사/ to+부정사/ 절 등이 다양하게 올 수 있지만

▸ 먼저 I'm sorry about+명사 패턴을 살펴본다.

I'm sorry about **that**	그 일은 미안하게 됐어, 그 일은 참 안됐어
I'm sorry about **him**	그 사람 일은 참 안됐어[미안해]
I'm sorry about **her behavior**	걔가 그런 식으로 굴다니, 미안해
I'm sorry about **your problems**	네 문제들은 유감이야
I'm sorry about **last night**	어젯밤 일은 안됐다[미안해]

네이티브처럼
말해보기

A: Do you want to break up with me? 나하고 헤어지고 싶은 거야?

B: I have to. **I'm sorry about** that. 그래야겠어. 미안해.

A: Oh no! My husband is drunk. **I'm sorry about** his behavior.
어머 이런! 제 남편이 취했네요. 죄송해요.

B: Don't worry about it. 괜찮아요.

바로바로 CHECK!
다음에 다양한 명사/~ing를 넣어보자.

1. 아까 그렇게 화낸 것 미안해 (get so angry earlier)

2. 오늘 오후에 미안했어 (this afternoon)

3. 그 사고 안됐어 (the accident)

1. I'm sorry about getting so angry earlier 2. I'm sorry about this afternoon 3. I'm sorry about the accident

I'm sorry to~ …해서 미안해[안됐어]

핵심문장
달달외우기

▸ I'm sorry 뒤에 to+동사원형의 형태가 오는 경우로

▸ 역시 「…해서(하게 되어) 미안해[안됐다]」라는 의미이다.

▸ I'm sorry to say (that) 주어+동사 역시 미안한 말을 할 때 쓰는 표현.

I'm sorry to hear that	그런 얘길 듣게 되어 유감이구나, 안됐다
I'm sorry to bother you	성가시게 하는 것 같아 죄송합니다
I'm sorry to say we must break up	
이런 말 해서 미안하지만 우리 헤어져야겠어	
I'm sorry to trouble you	번거롭게 해서 미안해

네이티브처럼
말해보기

A: I was fired from my job. 회사에서 잘렸어.

B: Really? **I'm sorry to** hear that. 진짜야? 안됐다.

A: **I am sorry to** have kept you waiting for so long.
오래 기다리게 해서 미안해.

B: That's all right. 괜찮아.

바로바로 CHECK!
I'm sorry to 다음에 다양한 동사를 넣어보자.

1. 너 잘렸다며 안됐다 (got fired)

2. 걔가 이혼했다니 안됐네 (got divorced)

3. 네가 불행을 겪어 안됐어 (hear about)

1. I'm sorry to hear that you got fired 2. I'm sorry to hear that she got divorced 3. I'm sorry to hear about your tragedy

I'm sorry~ ···해서 미안해

핵심문장
달달외우기

▶ 마지막 I'm sorry 패턴으로 I'm sorry 다음에 주어+동사의 절이 오는 경우로
▶ 주어+동사에 미안한 이유를 말하는 것으로 「···해서 미안해」라는 의미.
▶ 양해를 구하거나 변명을 할 때에도 I'm sorry, (but) S+V의 형태로 말한다.

I'm sorry I'm late 늦어서 미안해

I'm sorry (that) I missed your birthday party
미안해, 생일파티에 못갔네

I'm sorry, (but) I didn't catch your name
죄송해요, 이름을 못들었어요

I'm sorry, (but) I can't say 미안하지만 말할 수 없어

I'm sorry, (but) I can't go to the game tonight
미안하지만, 오늘 밤 경기에 못가

네이티브처럼
말해보기

A: **I'm sorry,** I didn't catch your name. What is it?
죄송해요, 이름을 못들었어요. 이름이 뭐죠?

B: Please call me Benson. 벤슨이라고 불러주세요.

A: **I'm sorry** I missed your birthday party. 생일파티 못가서 미안해.

B: That's okay… but you owe me a gift! 괜찮아… 하지만 선물은 줘야 돼!

바로바로 CHECK!
I'm sorry(, but) 다음에 다양한 문장을 넣어보자.

1. 죄송합니다만 그분은 퇴근하셨습니다 (be gone for the day)

2. 죄송합니다만 뉴욕출신이 아니어서요 (be not from~)

3. 죄송합니다만 그분은 지금 바쁘십니다 (be busy at the moment)

1. I'm sorry, but he's gone for the day 2. I'm sorry, but I'm not from New York 3. I'm sorry, but she's busy at the moment

I'm ~ing 나 …하고 있는 중이야

핵심문장
달달외우기

▸ 동사의 진행(be+~ing)으로 동작이 지금 계속 진행중임을 나타내는 표현.
▸ 내가 현재하고 있는 동작이나 가까운 미래에 할 일을 나타내는 것으로
▸ 「나 지금 …하고 있어(있는 중이야)」 혹은 「나 …할거야」라는 의미이다.

I'm just looking	그냥 둘러보는 중이야
I'm working **on it**	지금 그거 하고 있는 중이야
I'm coming	지금 가요. (누가 부를 때)
I'm going	난 갈 거야. (참석 여부 등을 말할 때)
I'm going **with Jack**	잭하고 같이 갈 거야
I'm watching **TV**	TV를 보고 있는 중이야

네이티브처럼
말해보기

A: **Where is the report I asked for?** 내가 부탁한 보고서는 어디있죠?
B: **I'm** working **on it. I'll be finished soon.** 지금 하고 있어요. 곧 끝낼게요.
A: **Are you going to ask Kate on a date?** 케이트한테 데이트 신청하려고?
B: **I'm** waiting **for the right moment.** 적당한 시기를 기다리고 있는 중이야.

바로바로 CHECK!
다음에 다양한 동사의 ~ing를 넣어보자.

1. 정말 네가 보고 싶을거야 (miss you)

2. 너한테 부탁할 게 있어서 전화했어 (ask~for a favor)

3. 운동화를 찾고 있는데요 (look for)

1. I'm really going to miss you 2. I'm calling to ask you for a favor 3. I'm looking for running shoes

He's ~ing 걔는 …하고 있어

핵심문장
달달외우기

▶ 주어가 'I'가 아니라 He, She, They 등 다양한 주어와 함께 사용된다.

▶ 「걔가(걔네들이) …하고 있어」혹은 「걔가(걔네들이) …할거야」라는 의미.

▶ 물론 You도 빠질 리는 없다. You're ~ing의 형태는 p.38에 나와 있다.

He is talking on the phone   걘 통화중이야

He is having fun at the beach
걘 해변에서 즐거운 시간을 보내고 있어

They are hanging out at the mall   걔들은 쇼핑몰에서 놀고 있어

She is going to Paris tomorrow   걘 내일 파리로 가

She is waiting for you   걘 널 기다리고 있는 중이야

네이티브처럼
말해보기

A: Do you know where Peter and Marc are?
피터하고 마크 어디 있는지 알아?

B: They are hanging out at the mall. 쇼핑몰에서 어슬렁거리고 있지.

A: I need to speak with your boss. 당신 상사하고 얘기해야겠어요.

B: He is talking on the phone. 통화중이십니다.

바로바로 CHECK!
(S)He's~ 다음에 다양한 동사의 ~ing를 넣어보자.

1. 걔가 네 전화 기다리고 있어 (expect your call)

2. 걘 출장차 목요일에 올거야 (for a business trip)

3. 걔네들은 아직도 선생님을 기다리고 있어 (wait for)

1. He's expecting your call 2. He's coming on Thursday for a business trip 3. They're still waiting for the teacher

I'm going to~ …에 가고 있어

핵심문장
달달외우기

▶ I'm going 다음에 부사(there), to+장소명사가 오는 경우로
▶ 「…로 갈 것이다」, 「…로 가고 있는 중이다」라는 뜻이다.
▶ 또한 I'm going+~ing해도 「…에 가다」, 「…하러 가다」라는 패턴이다.

I'm going to the library　나 도서관 가는 중이야[갈거야]

I'm going to a night club　나이트 클럽 가는 중이야[갈거야]

I'm going to Canada this summer　올 여름엔 캐나다에 갈거야

I'm going to the game tonight　오늘 밤 경기에 갈거야

I'm going fishing next weekend　다음 주에 낚시하러 갈거야

I'm going jogging tomorrow morning
내일 아침에 조깅하러 갈거야

네이티브처럼
말해보기

A: **Where are you going?** 어디 가?
B: **I'm going to** the library. 도서관 가는 중이야.

A: **I'm going** jogging tomorrow morning. 내일 아침에 조깅하러 갈 거야.
B: **Can I join you?** 같이 가도 될까?

바로바로 CHECK!
I'm going to 다음에 다양한 장소명사를 넣어보자.

1. 가족과 함께 마이애미 해변에 갈거야 (go to the beach)

2. 일요일에 등산하러 갈거야 (go hiking)

3. 내일 쇼핑하러 갈거야 (go shopping)

1. I'm going to the beach in Miami with my family　2. I'm going hiking on Sunday　3. I'm going shopping tomorrow

016

I'm going to~ …할거야

핵심문장
달달외우기

▶ I'm going to+동사는 「…할 거야」라는 의미로 미래의 일을 언급한다.

▶ be going to에서 go의 의미는 없고 단순히 will처럼 미래를 표시한다.

▶ I'm planning to+동사의 형태로 바꿔 쓸 수도 있다.

I'm going to get a driver's license
운전면허를 딸거야

I'm going to marry her someday 언젠가 걔랑 결혼할거야

I'm going to practice English every day
매일 영어공부 할거야

I'm going to stay for a week 일주일간 머무를거야

네이티브처럼
말해보기

A: Do you plan to buy a car? 차를 살거니?

B: Someday. **I'm going to** get a driver's license first.
언젠가는 사야지. 먼저 운전면허를 따려고 해.

A: **I'm going to** marry her someday. 언젠가는 걔하고 결혼할 거야.

B: How long have you two been dating? 둘이 얼마나 사귀었는데?

바로바로 CHECK!
I'm going to 다음에 다양한 동사를 넣어보자.

1. **집에 돌아갈거야** (go back home)

2. **BMW 새 차하나 뽑을거야** (get a new BMW)

3. **부모님 집에 방문할거야** (visit my parents)

1. I'm going to go back home 2. I'm going to get a new BMW 3. I'm going to visit my parents

왕초보달출패턴

017

Am I ~ ? …해?

> 핵심문장
> 달달외우기

▸ 지금까지 배운 be동사가 들어간 I'm~ 형태의 의문문인 Am I ~ ?중

▸ Am I 다음에 형용사가 오는 경우를 알아보는데

▸ 그 의미는 「내가 …해?」라는 뜻이다.

Am I right?	내 말이 맞지?
Am I late?	제가 늦었나요?
Am I clear now?	이제 이해가 가나요? (수업 등에서)
Am I late for the meeting?	제가 회의에 늦었나요?
Am I wrong?	내 말이 틀렸어?

네이티브처럼
말해보기

A: We need to save more money. **Am I** right?
우린 돈을 좀더 저축해야 돼. 내 말이 맞지?

B: That's a good idea. 좋은 생각이야.

A: Has the meeting started? **Am I** late? 회의 시작됐어요? 제가 늦었나요?

B: No, you're just in time. 아뇨, 딱 맞게 왔어요.

바로바로 CHECK!
Am I~? 다음에 다양한 형용사를 넣어보자.

1. 내가 수업에 늦었어? (be late for)

2. 내가 살이 쪘어 말랐어? (fat or skinny)

3. 박물관 가는 길 맞나요? (be on the right road for)

1. Am I late for class? 2. Am I fat or skinny? 3. Am I on the right road for the museum?

Am I ~ing/pp? 내가 …해?

핵심문장
달달외우기

▸ 이번에는 Am I 다음에 동사의 ~ing나 pp가 오는 경우로

▸ 지금 내가 하고 있는 행동에 대해 물어보는 패턴이다.

▸ 의미는 역시 「내가 …해?」

Am I call**ing** too late?	너무 늦게 전화한 건가요?
Am I interrupt**ing**?	제가 방해하는 건가요?
Am I wast**ing** my time?	내가 지금 시간낭비 하고 있는 건가?
Am I ask**ing** for too much?	내가 요구하는 게 너무 많은가요?
Am I talk**ing** too fast?	제가 너무 빨리 말하나요?
Am I suppos**ed** to go there?	내가 거기 가야 하나?

네이티브처럼
말해보기

A: **Am I** call**ing** too late? 내가 너무 늦게 전화했나?

B: Actually, yes. I was sleeping. Let's talk tomorrow.
실은 좀 그래. 자고 있는 중이었어. 내일 얘기하자구.

A: **Am I** ask**ing** for too much? 제가 요구하는 게 너무 많은가요?

B: No, not at all. Please request whatever you want.
전혀 아니에요. 뭐든 요청하세요.

바로바로 CHECK!
Am I~ ? 다음에 다양한 동사의 ~ing/pp를 넣어보자.

1. 내가 오늘 고객을 만나기로 되어있던가? (meet the client)

2. 내가 제대로 하고 있는 거야? (do it correctly)

3. 내가 너무 시끄럽게 해? (make too much noise)

1. Am I supposed to meet the client today? 2. Am I doing it correctly? 3. Am I making too much noise?

You are~ 넌 …해[야]

핵심문장
달달외우기

▸ 이제는 너에 대해서(**You're~**) 말하는 것으로

▸ 「넌 …하구나」, 「넌 …야」 등의 의미이다.

▸ 특히 **You're**+형용사+명사는 「넌 …한 사람」이라고 칭찬(비난)할 때 사용.

You're my best friend	넌 최고의 친구야
You're his girlfriend	넌 걔 여자친구잖아
You're a really nice guy	정말 좋은 분이세요
You're a loser	형편없는 녀석 같으니라구
You're a good cook	요리를 잘하시네요
You're an amazing[a wonderful] swimmer	
너 수영을 놀라울 정도로 잘 하는구나	

네이티브처럼
말해보기

A: I really like Adam. He's so cute. 애덤이 아주 좋아. 걔 정말 매력있어.

B: **You're** his girlfriend, so you must be happy.
넌 걔 여자친구니까 행복하겠구나.

A: **You're** a very good piano player. 넌 정말 피아노를 잘 치는구나.

B: Thanks. Would you like me to play another song for you?
고마워. 한곡 더 쳐줄까?

바로바로 CHECK!
You're~ 다음에 다양한 명사를 넣어보자.

1. 넌 좋은 애야 (good person)

2. 넌 반에서 제일 예뻐 (in the class)

3. 넌 훌륭한 사업가야 (good businessman)

1. You are a good person 2. You are the most beautiful woman in the class 3. You are a good businessman

왕초보탈출패턴
020
You're such a~ 넌 정말 …해

핵심문장
달달외우기

▶ 앞서 배운 You're+형용사+명사의 강조구문으로
▶ 상대방에게 「넌 정말 …해」라고 칭찬(비난)할 때 사용하는 패턴이다.
▶ such 다음에 형용사는 꼭 있어야 되는 것은 아니다.

You're such a good driver	운전을 참 잘하시네요
You're such an idiot	너 정말 멍청하다
You're such a partier	정말 굉장한 파티광이로구나
You're such a kind person	굉장히 친절한 분이군요[고마워요]

네이티브처럼
말해보기

A: **You look beautiful tonight.** 오늘 참 예쁘시네요.

B: **Thanks. You're such a kind person.** 고마워요. 정말 다정한 분이세요.

A: **You're such a good driver.** 너 운전을 정말 잘 하는구나.

B: **Thank you. I've never had a traffic accident.**
고마워. 교통사고를 낸 적이 없긴 하지.

바로바로 CHECK!
You're such a 다음에 다양한 (형용사)+명사를 넣어보자.

1. 넌 정말 훌륭한 학생이야 (great student)

2. 넌 정말 바보 멍청구리야! (dumb ass)

3. 넌 참 멋진 친구야 (nice guy)

1. You're such a great student 2. You are such a dumb ass! 3. You're such a nice guy

You are+형용사 너 …해

핵심문장
달달외우기

▶ You're 다음에 형용사를 넣어서 상대방의 상태를 말하는 것으로

▶ 칭찬을 할 수도(You're cute) 비난을 할 수도(You're selfish) 있다.

▶ 강조를 하려면 You're so+형용사로 사용하면 된다.

You're amazing	넌 대단해
You're lucky	넌 운이 좋구나
You're so cute	너 굉장히 멋있다[예쁘다]
You're pathetic	너 참 딱하다
You're so mean	너 정말 못됐어
You're right	네가[네 말이] 맞아

네이티브처럼
말해보기

A: Did you like the food I cooked? 내가 만든 음식 맛있었어?

B: It was great. **You're** amazing. 정말 맛있었어. 너 정말 대단해.

A: Can you loan me ten dollars? 10달러만 빌려줄래?

B: **You're** pathetic. You always borrow money.
너 참 딱하다. 늘 돈을 빌리고만 사니.

바로바로 CHECK!
You're 다음에 다양한 형용사를 넣어보자.

1. 리즈야 무척 말랐구나 (thin)

2. 정말 늦게 오는 구만 (late)

3. 어쩜 그렇게 항상 마음이 넓으실까! (generous)

1. You are very thin, Liz 2. You are really late 3. You are always so generous!

You're+~pp 넌 …해

핵심문장
달달외우기

▶ 과거분사 또한 형용사처럼 주어가 어떤 상황인지를 말하는 것으로
▶ 특히 숙어화된 You're supposed to+동사(…하기로 되어 있다)와
▶ You're allowed to+동사(…해도 된다)를 잘 기억해둔다.

You're fired   당신은 해고예요

You're married   넌 결혼한 몸이잖아

You're supposed to meet Mr. Hyde
너 하이드 씨 만나기로 되어있잖아

You're not supposed to do that   너 그러면 안돼

You're not allowed to have drinks out here
음료는 밖으로 가지고 나가실 수 없어요

You're not allowed to smoke here
여기서 담배 피우시면 안됩니다

네이티브처럼
말해보기

A: **You're supposed to pick up Sally.** 너 샐리를 마중나가야 하잖아.
B: Well, I'd better leave now. 응, 지금 출발해야겠다.

A: **You're married. Don't act like a single guy.** 유부남이잖아, 총각처럼 굴지마.
B: I'm not. I was just talking to these girls. 아냐, 여자애들하고 얘기하고 있었어.

바로바로 CHECK!
You're~ 다음에 다양한 동사의 pp를 넣어보자.

1. 네가 제인을 픽업해야 돼 (pick up)

2. 너, 그거 먹으면 안돼! (eat that)

3. 너 전화왔어 (on the phone)

1. You're supposed to pick up Jane 2. You're not supposed to eat that! 3. You're wanted on the phone

You're ~ing 너 지금 …하고 있구나

핵심문장
달달외우기

▶ 역시 현재진행형 패턴으로 상대방의 행동에 대해 말하는 것으로
「너 지금 …하고 있구나」라는 의미이다.

▶ 그밖에 You're 다음에 전치사구/부사가 오는 표현들도 아울러 알아본다.

You're **do**ing great	넌 지금 잘 하고 있는 거야
You're **kidd**ing	농담이겠지
You're **scar**ing me	겁주지 매[네가 날 겁먹게 하고 있어]
You're **mak**ing me nervous	너땜에 신경쓰여
You're **mak**ing a big mistake	너 지금 크게 실수하고 있는 거야
You're **talk**ing too much	넌 말을 너무 많이 해
You're **in** trouble	넌 곤경에 처해 있어

네이티브처럼
말해보기

A: Stop that noise. **You're** bother**ing** me. 조용히 좀 해. 신경쓰여.

B: I'll try to be more quiet. 좀더 조용히 해볼게.

A: I heard this house has a ghost. 이 집에 귀신이 있다더라.

B: Stop it! **You're** scar**ing** me. 그만 해! 겁나잖아.

바로바로 CHECK!
You're~ 다음에 다양한 동사의 ~ing를 넣어보자.

1. 너무 시끄러워 (make too much noise)

2. 넌 늘상 불평만해 (complain)

3. 너 땜에 내가 미쳐 (drive somebody crazy)

1. You are making too much noise 2. You're always complaining 3. You're driving me crazy

Are you+명사 ~? 넌 …야?

핵심문장
달달외우기

▶ 지금까지 배운 You're~ 문형을 의문문을 바꾸어보는 연습

▶ You are+명사의 의문형인 Are you+명사 ~?의 경우부터 살펴본다.

▶ Are you+명사? 패턴은 주로 상대방의 국적이나 신분, 자격 등을 묻는다.

Are you an employee here?	여기 직원인가요?
Are you an only child?	형제가 없나요[외동아들[딸]이세요]?
Are you the oldest?	맏이예요?
Are you a good dancer?	춤 잘 추세요?
Are you an experienced snowboarder?	
스노우보더 많이 타보셨어요?	
Are you an ex-girlfriend of Terry?	
당신이 테리의 옛애인이이에요?	

네이티브처럼
말해보기

A: **Are you** an only child? 형제가 없나요?

B: No, I have one brother. 아뇨, 남동생이 한 명 있어요.

A: **Are you** a member of the gym? 이 헬스클럽 회원이세요?

B: Yes, I come here several times a week. 네, 일주일에 몇번 여기 와요.

바로바로 CHECK!
Are you~ ? 다음에 다양한 명사를 넣어보자.

1. 네가 피터 친구니? (a friend of)

2. 네가 신디의 사촌이니? (a cousin of)

3. 너 스키잘타? (a good skier)

1. Are you a friend of Peter? 2. Are you a cousin of Cindy? 3. Are you a good skier?

025 Are you+형용사 ~? 넌 …해?

핵심문장
달달외우기

▸ Are you+형용사?는 You're+형용사의 의문문 형태로
▸ 상대방의 상태나 상황을 물어볼 때 사용된다.
▸ Are you ~?에서 'Are'는 아예 발음하지 않는 경우도 많다.

Are you okay[all right]?	괜찮아?
Are you serious?	정말이야?
Are you available?	손이 비나요?, 시간돼요?
Are you happy with that?	거기에 대해 만족해?
Are you free this weekend?	이번 주말에 시간 있어?
Are you busy right now?	지금 바빠?

네이티브처럼
말해보기

A: I was in a car accident this morning. 오늘 아침에 차 사고를 당했어.
B: Oh no! **Are you** okay? 저런! 괜찮아?

A: **Are you** free this weekend? 이번 주말에 한가해?
B: Yeah, I don't have any special plans. 응. 특별한 계획 없어.

바로바로 CHECK!
Are you~? 다음에 다양한 형용사를 넣어보자.

1. **아직도 배고파?** (hungry)

2. **나한테 화났어?** (be upset with)

3. **너 미쳤어?** (insane)

1. Are you still hungry? 2. Are you upset with me? 3. Are you insane?

Are you ready~? ···할 준비됐어?

핵심문장
달달외우기

▸ 상대방에게 ···할 준비가 되었는 지 물어보는 문장.

▸ Are you ready to+동사? 혹은 Are you ready for+명사?로 사용한다.

▸ 반대로 내가 준비되었다고 할 때는 I'm ready to+동사/for+명사로 쓴다.

Are you ready to **go**?	갈 준비 됐어?
Are you ready to **go shopping**?	쇼핑 갈 준비 다 됐어?
Are you ready to **take the test**?	시험 볼 준비 됐나요?
Are you ready to **talk about it**?	그 일에 대해 얘기할 준비 됐니?
Are you ready to **order**?	주문할 준비 됐나요?[주문하시겠어요?]

네이티브처럼
말해보기

A: We have to leave. **Are you ready to go?** 우리 가야 돼. 갈 준비 다 됐어?

B: I will be in five minutes. 5분 후엔 준비될 거야.

A: **Are you ready to order?** 주문하시겠습니까?

B: Yes. I'll have a shrimp salad. 네. 저는 새우 샐러드로 주세요.

바로바로 CHECK!
Are you ready to~ 다음에 다양한 동사를 넣어보자.

1. 그거할 준비됐어? (do it)

2. 조사 준비됐어요? (your examination)

3. 구두시험 준비됐니? (oral test)

1. Are you ready to do it? 2. Are you ready for your examination? 3. Are you ready for the oral test?

027

Are you sure~? …가 확실해?

핵심문장
달달외우기

▸ 궁금한 내용을 상대방에게 확인할 때 사용하는 표현으로

▸ Are you sure about+명사? 혹은 Are you sure 주어+동사?의 형태로 쓴다.

▸ 「…가 정말 확실한거야?」라는 의미이다.

Are you sure about that?　그것에 대해 확실해?, 그거 확실한거야?

Are you sure you're okay?　정말 괜찮아?

Are you sure you don't want to come?
정말 안오려는거야?

Are you sure you did it?　정말로 네가 그랬니?

Are you sure you locked the door?　문 잠근 거 확실해?

네이티브처럼
말해보기

A: I've decided to move to Europe this year.
올해 유럽으로 이사가기로 했어.

B: Really? **Are you sure about** that? 정말? 확실한거야?

A: I decided not to go to the party. 그 파티에는 가지 않기로 했어.

B: **Are you sure** you don't want to come? 정말 안오려는거야?

✅ **바로바로 CHECK!**
Are you sure~? 다음에 다양한 주어+동사를 넣어보자.

1. 그게 좋은 생각이라고 생각해? (a good idea)

2. 정말 너 돈 없어? (have no money)

3. 정말 날 사랑하는거야? (really love)

1. Are you sure that's a good idea? 2. Are you sure you have no money? 3. Are you sure you really love me?

맨처음 패턴영어

Are you + 과거분사 ~? 넌 …했어?

핵심문장
달달외우기

▸ 이번에는 Are you 다음에 과거분사가 오는 경우.

▸ Are you done?(다 했어?)처럼 Are you+과거분사?로 된 문장도 있지만

▸ Are you interested in that?처럼 뒤에 전치사구 등이 붙는 경우도 있다.

Are you almost finished?   거의 끝났니?

Are you supposed to do it?   네가 이걸 하기로 되어있든가?

Are you interested in American culture?
미국문화에 관심 있나요?

Are you qualified for this job?
이 일에 필요한 자격조건을 갖추었나요?

Are you married?   결혼했나요?

Are you lost?   길을 잃었나요?

네이티브처럼
말해보기

A: **Are you done?** 다 했어?

B: I'm almost finished. Please wait five minutes. 거의 다. 5분만 기다려.

A: **What is the perfect birthday present for my wife?**
아내한테 줄 완벽한 생일선물이 뭐가 있을까?

B: **Are you married?** I thought you were single. 결혼했어? 싱글인 줄 알았는데.

바로바로 CHECK!
Are you~? 다음에 다양한 동사의 pp를 넣어보자.

1. 놀랬어? (scared)

2. 당신은 승진 자격이 되나요? (the promotion)

3. 점심먹으러 우리랑 같이 갈래? (come with us for lunch)

1. Are you scared?   2. Are you qualified for the promotion?   3. Are you interested in coming with us for lunch?

Are you ~ing? 너 지금 …하는거니?

핵심문장
달달외우기

▶ 현재 진행이나 가까운 미래를 표현하는 You're ~ing의 의문형으로

▶ Are you ~ing?하면 상대방이 현재 하고 있는 일을 물어보거나 혹은 앞으로 상대방의 예정사항을 물어볼 때 「…할 거니?」라는 의미의 패턴이다.

Are you kidding?	지금 농담하니?
Are you taking any medication?	요즘 먹고 있는 약이 있나요?
Are you being helped?	누가 봐드리고 있나요?(상점에서)
Are you coming with us?	우리랑 같이 갈거지?
Are you leaving tomorrow?	내일 떠나니?

네이티브처럼
말해보기

A: **Are you still smoking?** 아직도 담배 피우니?

B: Yes, but I'm going to try to quit. 응. 하지만 끊어보려고 해.

A: I've been feeling very sick lately. 요즘 계속 속이 메슥거려.

B: **Are you taking any medication?** 약은 먹고 있는 거니?

바로바로 CHECK!
Are you~ ?다음에 다양한 동사의 ~ing를 넣어보자.

1. 아직도 담배 피우니? (smoke)

2. 아내하고 많이 싸워? (fight a lot with)

3. 너 내 말 듣고 있는거야? (listen to)

1. Are you still smoking? 2. Are you fighting a lot with your wife? 3. Are you listening to me?

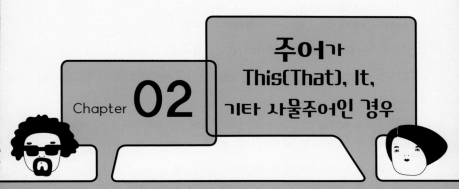

Chapter **02**

주어가
This(That), It,
기타 사물주어인 경우

왕초보탈출패턴 030-070

030 This is+사람명사 얘는 …야

핵심문장
달달외우기

▶ This is 다음에는 사물만 오는 것이 아니라 사람이 오기도 하는데

▶ 주로 사람을 소개할 때 혹은 전화받을 때 사용된다.

▶ 「전 …인데요(전화)」 「이분은…」 혹은 「이쪽은(소개시)」 이라는 의미이다.

This is Sun-woo speaking   저는 선우라고 하는데요

This is Min-hee
(남에게 소개할 때) 얘는 민희라고 해. (전화에서) 나 민희야

This is my friend, Jennifer   얘는 내 친구 제니퍼야

This is my boss, Mr. Drake   이쪽은 제 상사인 드레이크 씨입니다

네이티브처럼
말해보기

A: Hi, Harry. **This is** my friend, Eric. 안녕, 해리. 이쪽은 내 친구 에릭이야.

B: Nice to meet you, Eric. 에릭, 만나서 반가워.

A: Hello. **This is** Steve Parel speaking. 여보세요. 스티브 패럴입니다.

B: Hello there. Can I ask you a few questions?
안녕하세요. 몇가지 좀 여쭤봐도 될까요?

바로바로 CHECK!
This is~ 다음에 다양한 사람이름을 넣어보자.

1. 쟈넷입니다. 무엇을 도와드릴까요? (May I~)

2. 크리스 좀 바꿔주세요–전데요 (speak to)

3. 밥인데요 외출중입니다. 메시지남기세요 (leave a message)

1. This is Janet. May I help you? 2. Could I speak to Chris, please? -This is Chris
3. This is Bob. I'm not in. Leave a message

This is+명사 이것은 …야

핵심문장
달달외우기

▸ 이번엔 This 본연의 의미로 쓰이는 경우로
▸ 어떤 사물이나 장소 등 구체적인 사물을 뜻하기도 하지만
▸ 추상적인 일이나 지금 겪고 있는 일 등 다양하게 쓰이기도 한다.

This is my favorite song	내가 좋아하는 노래야
This is my[your] last chance	이번이 내겐[너에겐] 마지막 기회야
This is my treat	이건 내가 낼게. (음식값 계산)
This is not my style	이건 내 취향이 아냐
This is a great place	근사한 곳이네요
This is a great party	훌륭한 파티네요

네이티브처럼
말해보기

A: **This is** Bob's favorite food, but I don't like it.
이건 밥이 좋아하는 음식이지만 난 별로야.

B: Well, do you want to eat something else? 그럼, 뭐 다른 거 먹고 싶어?

A: **This is** a great place. 근사한 곳이네요.

B: I'm glad you liked it. My parents own it.
맘에 드신다니 기쁘네요. 저희 부모님 가게예요.

바로바로 CHECK!
This is~ 다음에 다양한 명사를 넣어보자.

1. 내 새 요트야 (my new yacht)

2. 모두 내 잘못이야 (my fault)

3. 오늘 일진이 정말 안좋아 (my day)

1. This is my new yacht 2. This is all my fault 3. This is not my day

This is+형용사 이거 …해

핵심문장
달달외우기

▸ This is 다음에도 형용사가 쓰여 어떤 상태를 설명하는데

▸ This is amazing!, This is so unfair!처럼 자신의 느낌을 표현할 때 유용.

▸ 강조하려면 This is 뒤에 so나 very, really 등의 수식어를 넣으면 된다.

This is so cool	이거 정말 근사하구나, 정말 좋아
This is unbelievable	이건 믿을 수 없는 일이야
This is ridiculous	이러는 거 우스워[이건 말도 안돼]
This is romantic	낭만적이야
This is really important to me	이건 나한테 굉장히 중요한 일이야
This is terrible	너무한다
This is so unfair	이건 정말 불공평해

네이티브처럼
말해보기

A: **This is** so unfair. I'm at the office today and she has a holiday. 너무 불공평해. 난 오늘 사무실에 나오고 걘 휴가라니.

B: Stop complaining and get back to work. 불평 그만하고 일해.

A: It's snowing outside. 밖에 눈와.

B: In the middle of April? **This is** unbelievable! 4월 중순에? 말도 안돼!

바로바로 CHECK!
This is~ 다음에 다양한 형용사를 넣어보자.

1. 그것 참 좋네요

2. 이거 정말 맛있다!

3. 그리 나쁘지 않아

1. This is incredible 2. This is so delicious! 3. This is not that bad

033 # This is+ ~ing/pp 이거 …해

핵심문장
달달외우기

▶ This is 다음에 ~ing/pp 형태의 단어들이 오는 경우.
▶ ~ing는 능동, ~pp는 수동의 의미로 주어에 따라 잘 가려써야 한다.
▶ 예로 exciting(흥미진진)이지만 excited(신나)로 쓰인다.

This is so excit**ing**	이거 정말 흥미진진한걸
This is very flatter**ing**	과찬이세요
This is so mess**ed** up	엉망이 됐잖아
This is bor**ing**	이건 따분한 일이야

네이티브처럼
말해보기

A: Wow, he hit a home run. **This is** so excit**ing.**
이야, 저 선수가 홈런을 쳤군. 이거 정말 흥미진진한걸.

B: Yeah, now the score is tied. 그래. 이제 동점이네.

A: You are the most beautiful woman I've seen.
당신은 내가 본 사람들 중 가장 아름다운 여성이에요.

B: Thank you. **This is** very flatter**ing.** 고맙습니다. 과찬이세요.

바로바로 CHECK!
This is~ 다음에 다양한 ~ing/pp를 넣어보자.

1. **이거 정말 놀랍군** (surprising)

2. **이것을 성묘라고 해요** (be called)

3. **정말 실망스럽군** (disappointing)

1. This is very surprising 2. This is called sung-myo 3. This is very disappointing

034

This is what~ 바로 이게 …한 거야

핵심문장
달달외우기

▸ This is 다음에 명사 대신 주어+동사의 문장이 오는 경우.

▸ 우리말로는 「바로 이게 …한 거야」라는 의미로

▸ 내가 말하는 바를 강조하거나 역설할 때 유용하게 쓰이는 패턴이다.

This is what I want to do　이게 바로 내가 하고 싶은 일이야

This is what we're going to do 이게 바로 우리가 앞으로 할 일이야

This is what I was afraid of　이게 바로 내가 걱정하던거야

This is what you have to do　이게 바로 네가 해야 할 일이야

This is what I'm trying to say　이게 바로 내가 지금 얘기하려는거야

This is what you're looking for
이게 바로 네가 지금 찾고 있는거잖아

네이티브처럼
말해보기

A: **This is what** I'm afraid of. They might decide to refuse my offer. 내가 걱정하는 건 바로 이거야. 그 사람들은 내 제안을 거절할지도 모른다구.

B: Don't worry about that too much. 너무 걱정하지 마.

A: I'm glad we're going to Hawaii. 하와이로 가게 되다니 기뻐.

B: Me too. **This is what** I wanted to do. 나도 그래. 내가 바라던거야.

바로바로 CHECK!
This is what~ 다음에 다양한 문장을 넣어보자.

1. 내 생각은 이래 (believe)

2. 내 말이 그말이야(say)

3. 이게 바로 네게 말하려고 했던거야(try to tell)

1. This is what I believe 2. This is what I'm saying 3. This is what I was trying to tell you

핵심문장
달달외우기

▶ This is 주어+동사의 부정형태로 This is 다음에 not만 붙인 경우이다.
▶ 우리말로는 이건 주어가 「…하는 게 아니야」라는 의미로
▶ 뭔가 부정하거나 강하게 어필할 때 쓰는 표현법이다.

This is not what I ordered	이건 내가 주문한 게 아닌데요
This is not what I want to do	이건 내가 하고 싶은 일이 아냐
This is not what you have to do	이건 네가 해야 할 일이 아니야
This is not what I was looking for	
이건 내가 찾고 있던 게 아니야	
This is not what I was thinking of	이건 내가 생각했던 게 아냐

네이티브처럼
말해보기

A: Waiter! **This is not what** I ordered. 종업원! 이건 내가 시킨 게 아닌데요.
B: I'm sorry, sir. I'll bring you the right food.
   죄송합니다. 손님. 주문하신 음식을 가져오겠습니다.

A: **This is not what** I was thinking of. 이건 내가 생각했던 게 아닌데.
B: What were you expecting? 어떠리라고 생각했었는데?

바로바로 CHECK!
This is not~ 다음에 다양한 문장을 넣어보자.

1. **이건 걔가 예상했던게 아냐**(expect)

2. **이건 내가 원하는게 아냐**(want)

3. **이건 내가 하려는게 아냐**(try to)

1. This isn't what she expected 2. This is not what I want 3. This isn't what I'm trying to do

This is going to~ …한 일이 될거야

핵심문장
달달외우기

▶ This와 가까운 미래를 나타내는 be going to~가 결합한 패턴.
▶ This is going to+동사는 「이 일은 …한 일이 될거야」라는 표현.
▶ 특히 This is going to be+명사/형용사 형태가 많이 쓰인다.

This is going to be so much fun　　굉장히 재밌을거야

This is going to be romantic　　낭만적일거야

This is going to be harder than you thought
네가 생각했던 것보다 더 힘들거야

This is going to be a big break for me
너한테 커다란 전환점이 될거야

This is going to be perfect　　완벽한 일이 될거야

This is going to sound selfish　　이기적으로 들릴거야

네이티브처럼
말해보기

A: Let's work on the project together. 그 프로젝트 같이 하자.
B: OK. **This is going to** be so much fun. 좋아. 굉장히 재미있을 거야.
A: **This is going to** be harder than we thought. 생각보다 더 힘들어지는 걸.
B: Come on. We can do it. 왜 이래. 우린 할 수 있어.

바로바로 CHECK!
This is going to~ 다음에 다양한 동사를 넣어보자.

1. 우스꽝스럽게 보일 거야 (look ridiculous)

2. 큰 불행일거야 (be a disaster)

3. 이건 힘들거야 (be tough)

1. This is going to look ridiculous 2. This is going to be a disaster 3. This is going to be tough

Is this+형용사? 이거 …야?

핵심문장
달달외우기

▸ 이번엔 This is~의 의문문형태인 Is this~? 패턴을 배워본다.
▸ 먼저 Is this 다음에 형용사가 오는 경우를 살펴보는데
▸ 이는 주어인 this의 상태에 대해서 물어보는 경우이다.

Is this safe?	이거 안전한가요?
Is this really necessary?	꼭 이래야 하니?
Is this true?	진짜야?
Is this polite?	이러면 예의바른 걸까?

네이티브처럼
말해보기

A: Please wear your seatbelt in my car. 내 차에서는 안전벨트를 매 줘.
B: **Is this** really necessary? 꼭 이래야 하니?

A: The buffet smells good. **Is this** food free?
부페 음식 냄새 좋네요. 이 음식 공짜예요?

B: No, you have to pay for it. 아뇨, 돈을 내셔야 해요.

바로바로 CHECK!
Is this~ ? 다음에 다양한 형용사를 넣어보자.

1. 이거 공짜예요? (free)

2. 이게 맞아? (correct)

3. 이게 가라오케랑 비슷한거야? (similar to)

Is this+명사? 이거 …야?

핵심문장
달달외우기

▶ 이번에는 Is this 다음에 명사가 오는 경우.

▶ This의 신분, 소유 관계 등을 물어볼 때 자주 사용된다.

▶ 좀 어렵지만 what 등을 이용한 명사절이 오는 것 역시 가능하다.

Is this yours?	이거 네 꺼(yours)니?
Is this your car?	이거 당신 차예요?
Is this Ms. Sullivan?	설리반 씨세요? (전화상에서)
Is this a convenient time to talk?	얘기하기 편한 시간인지요?
Is this what you're looking for?	이게 네가 찾고 있는거니?
Is this my fault?	이게 내 잘못인가?

네이티브처럼
말해보기

A: **Is this** a convenient time to talk? 얘기하기 편한 시간인가요?

B: Sure. What's the matter? 그럼요. 무슨 일인데요?

A: **Is this** your car? 이거 선생님 차인가요?

B: Yes. Would you like me to move it? 네. 차를 뺄까요?

바로바로 CHECK!

Is this~ ? 다음에 다양한 명사를 넣어보자.

1. 이 길이 해변으로 가는 길 맞아요? (be the right way)

2. 장난하는거지? (be kind of joke)

3. 이거 비밀야? (a secret)

1. Is this the right way to go to the beach? 2. Is this some kind of joke? 3. Is this a secret?

Is this for~? 이거 …야?

핵심문장
달달외우기

▶ Is this 다음에 명사나 형용사만 오는 것은 아니다.
▶ 그리 많이 사용되지는 않지만 Is this 다음에 전치사구가 오는 경우로
▶ 특히 Is this for~?, Is this about~? 등을 익혀둔다.

Is this for New York?	이거 뉴욕으로 가나요?
Is this for me?	이거 나 주는거야?[날 위한 거야?]
Is this about Mark?	마크에 관한 얘기니?
Is this on sale?	이거 세일 중이에요?

네이티브처럼
말해보기

A: **Here is a present we bought.** 이거 우리가 산 선물이야.
B: **Is this for me? Thanks so much!** 이거 내 거야? 정말 고마워!

A: **I want to talk to you privately.** 개인적으로 얘기 좀 나누고 싶은데요.
B: **Is this about Vanessa?** 바네사에 관한 건가요?

바로바로 CHECK!
Is this~? 다음에 다양한 전치사구를 넣어보자.

1. 이거 정말 진짜야? (for real)

2. 네 변호사로부터 온거야? (lawyer)

3. 나 때문이야? (me)

1. Is this for real? 2. Is this from your lawyer? 3. Is this about me?

왕초보탈출패턴

040

That is+형용사 …야

핵심문장
달달외우기

▸ 이번엔 This와 대조적인 성격인 That을 이용한 패턴을 알아본다.
▸ 먼저 This is 다음에 형용사나 전치사구가 오는 경우인데
▸ 상대방의 말에 대한 의견이나 느낌을 얘기할 때 많이 쓰인다.

That's right	맞아
That's all right	괜찮아
That's great	근사한걸
That's so sweet	고맙기도 해라
That's too bad	정말 안됐다
That's out of the question	그건 불가능해[절대 안돼]
That's not true	사실이 아니야

네이티브처럼
말해보기

A: I heard that you wrote a book. 책을 한 권 쓰셨다고 들었는데요.
B: **That's right.** It was a mystery novel. 맞아요. 미스터리 소설이었죠.

A: Why don't we get married? 우리 결혼하면 어떨까?
B: Never. **That's** out of the question. 싫어. 그건 절대 안돼.

바로바로 CHECK!
That is~ 다음에 다양한 형용사나 전치사구를 넣어보자.

1. 이건 너무 비싸 (expensive)

2. 저건 내게 익숙해 (be familiar to)

3. 거 이상하네. 저게 뭐야? (weird)

1. That is too expensive 2. That is familiar to me 3. That's weird. What is that?

56 맨처음 패턴영어

왕초보탈출패턴

041

That is+명사 …야

핵심문장
달달외우기

▶ That is 다음에 명사가 오는 경우로
▶ 역시 상대방의 말에 대해 자기의 느낌이나 상황을 표현할 때 사용된다.
▶ 「바로 그거야」, 「이게 다야」 라는 의미의 That's it도 이 패턴에 속한다.

That's **a good idea**	그거 좋은 생각이네
That's **not** the point	요점은 그게 아니잖아
That's **a rip-off**	그건 바가지야.
That's **it**	그게 다야[바로 그거야]
That's **my favorite**	그건 내가 좋아하는 건데
That's **the problem**	그게 문제야

네이티브처럼
말해보기

A: The new computer will cost five thousand dollars.
새 컴퓨터가 5천 달러야.

B: **That's** a rip-off. 그거 바가지다.

A: Let's stop working and finish this tomorrow. 그만 하고 내일 끝내자.

B: **That's** a good idea. I'm tired. 좋은 생각이야. 나 피곤해.

바로바로 CHECK!
That is~ 다음에 다양한 명사를 넣어보자.

1. 거저나 마찬가지예요, 정말 싸구나 (a steal)

2. 그건 사실이야, 맞는 말이야 (the truth)

3. 그게 핵심은 아니지, 그런 문제가 아냐 (the main point)

1. That's a steal 2. That's the truth 3. That's not the main point

042

That's what~ 그게 바로 …가 …하는거야

핵심문장
달달외우기

▶ This is what ~처럼 That's 다음에 what, why, because 등이 온다.
▶ 여기서는 우선 That's what 주어+동사의 패턴을 알아보는데
▶ 상대가 말한 내용을 That으로 받아 그게 「바로 …가 …하는 거야」라는 뜻.

That's what I was looking for   그게 바로 내가 찾고 있던거야

That's exactly what I'm trying to say
내가 말하려는 게 바로 그거라구

That's not what I meant   내 말은 그게 아니야

That's not what I want to hear 내가 듣고 싶은 말은 그게 아냐

That's what I'm going to do   내가 하려고 하는 일이 바로 그거야

네이티브처럼
말해보기

A: Do you think he's cruel? 넌 걔가 인정사정 없다고 생각하니?
B: **That's not what** I meant. I think he's selfish.
내 말은 그게 아니야. 걔가 이기적인 것 같다구.

A: You want to rent a small apartment? 작은 집에 세들고 싶다는 거죠?
B: Yes. **That's what** I'm looking for. 네. 그게 바로 제가 찾고 있는 겁니다.

바로바로 CHECK!
That's what~ 다음에 다양한 문장을 넣어보자.

1. 나도 그렇게 생각했어 (I thought)

2. 내 말이 바로 그거야 (I'm saying)

3. 그건 네 생각이고 (you think)

1. That's what I thought 2. That's what I'm saying 3. That's what you think

That's why~ 그래서 …가 …하는거야

핵심문장
달달외우기

▸ That's why~(결과) 와 That's because~(이유) 패턴을 함께 외워둔다.

▸ That's why 주어+동사(그래서 …가 …하게 된거야)는 결과표현으로

▸ That's why 다음에 결과의 내용을 말해주면 된다.

That's why I want to go there
그래서 내가 거기 가고 싶어하는 거야

That's why we're here　　　그게 바로 우리가 여기 온 이유야

That's why he's so tired all the time
그래서 걔가 늘 그토록 피곤한거야

That's why everybody loves Raymond
그래서 다들 레이먼드를 좋아하는거야

That's why I decided to quit　바로 그래서 내가 그만두기로 한거야

네이티브처럼
말해보기

A: I can't clean up this place alone. 나 혼자서는 여기 못 치워.

B: **That's why** we're here. We'll help you. 그래서 우리가 왔잖아. 도와줄게.

A: There are a lot of cute girls in the gym. 그 짐엔 예쁜 여자애들이 많아.

B: **That's why** I want to go there every day.
그래서 내가 매일 거기 가고 싶어 하는거잖아.

바로바로 CHECK!
That's why~ 다음에 다양한 문장을 넣어보자.

1. 그래서 그게 아주 특별한거야 (special)

2. 바로 그래서 내가 여기 있는거야 (I'm here)

3. 그래서 내가 C를 받았어 (got a C)

1. That is why it is so special 2. That's why I'm here 3. That's why I got a C

That's because~ 그건 …하기 때문야

핵심문장
달달외우기

▸ That's why~가 어떤 이유에 대한 결과를 설명하는 것인데 반하여
▸ That's because~(그건 …하기 때문이야)는 어떤 결과에 대한 이유를 설명.
▸ That's because 다음에 이유를 말해주면 된다.

That's because I don't have enough money
그건 내가 돈이 충분치 않기 때문이야

That's because I don't want her to come
난 걔가 오기를 바라지 않기 때문이야

That's because he did a great job
그 사람이 일을 잘 했으니까 그렇지

That's because she is busy right now
그 여잔 지금 바쁘니까 그렇지

네이티브처럼
말해보기

A: You didn't invite Andrea to lunch. 앤드리아를 점심에 초대하지 않았네.
B: **That's because** I don't want her to come. 그야 난 걔가 안왔으면 하니까.
A: You never fixed the broken window in your car.
차에 깨진 유리창을 안바꿨네.
B: **That's because** I don't have enough money. 그야 그럴 돈이 없으니까.

바로바로 CHECK!
That's because~ 다음에 다양한 문장을 넣어보자.

1. **걔가 여기서 일을 잘해서 그래** (do a good job)

2. **내가 매우 화가 나서 그래** (feel angry)

3. **지난 달에 내가 걜 차서 그래** (dump her)

1. That's because he did a good job here 2. That's because I feel very angry
3. That's because I dumped her last month

That will[would] be~ …할거야

핵심문장
달달외우기

▶ That이 will/would와 결합하여 앞으로의 일에 대한 느낌을 말할 수 있다.

▶ That will[would] be+형용사/명사 형태로 「…할[일]거야」라는 의미.

▶ 특히 would는 가정법으로 '그렇게 된다면'이라는 조건이 생략된 경우이다.

That will be **fine**	괜찮을거야
That would be **perfect for us**	우리한테는 딱일거야
That would be **terrible**	형편없을거야
That would be **better**	그게 더 나을거야
That would be **so exciting**	굉장히 흥미진진할거야
That will be **a big help**	큰 도움이 될거다
That would be **a good idea**	그게 좋겠다

네이티브처럼
말해보기

A: We can deliver your new car on Saturday. 새 차는 토욜에 배송하겠습니다.

B: **That would be** perfect for us. 딱 좋네요.

A: Let's go to Venice during summer vacation. 여름휴가에 베니스에 가자.

B: **That would be** romantic. 낭만적이겠다.

바로바로 CHECK!

That will[would] be~ 다음에 다양한 형용사와 명사를 넣어보자.

1. 그럼 정말 좋겠다! 그렇게 하자! (great)

2. 55달러입니다 (fifty-five dollars)

3. 그게 다예요 (be all)

1. That would be great! Let's do that! 2. That will be fifty-five dollars 3. That will be all

That+일반동사 …해

핵심문장
달달외우기

▶ This/That 등의 사물 대명사 주어 뒤에는 흔히 be동사가 오지만

▶ 그리 많지는 않지만 일반동사가 오는 경우도 꽤 볼 수 있다.

▶ 여기서는 일단 초중급단계에서 알아두어야 할 것 몇 개를 살펴본다.

That makes sense	그거 말되네
That depends	사정에 따라 달라져
That reminds me	그걸 보니[그 말을 들으니] 생각나는 게 있네
That explains it	그말을 들으니 이해가 되네

네이티브처럼
말해보기

A: Can you attend the conference? 총회에 참석할 수 있어?

B: **That depends.** I may be busy. 상황에 따라. 바쁠지도 모르거든.

A: The power went out because of the storm.
폭풍우 때문에 정전이 됐어요.

B: **That explains** it. I wondered why the computer wouldn't work. 그래서 그런 거였구나. 왜 컴퓨터가 작동 안되나 했죠.

바로바로 CHECK!
That~ 다음에 다양한 동사를 넣어보자.

1. 담 월요일? 나도 그때가 괜찮아

2. 그럴 수도 있어

3. 그게 기분을 좋게 해줘

1. Next Monday? That works for me 2. That happens 3. That makes me feel so good

047 That sounds~ …인 것 같아

핵심문장
달달외우기

▶ That 다음에 일반동사가 온 경우 대표적인 경우중 하나로
▶ (That) Sounds+형용사의 형태처럼 That을 생략하기도 한다.
▶ 「…같은데」, 「…인 것 같아」로 이해하면 된다.

That sounds **great**	괜찮겠는걸
That sounds **good to me**	내 생각엔 괜찮은 것 같아
That sounds **interesting**	그거 흥미로운데
That sounds **lovely**	근사하겠다
That sounds **weird**	이상한 것 같은데
That sounds **a little boring**	좀 지루한 것 같아

네이티브처럼
말해보기

A: Let's celebrate our anniversary at a nice restaurant.
우리 결혼기념일은 근사한 레스토랑에서 지내자.

B: **That sounds** lovely. Where shall we go? 그거 멋지겠다. 어딜 가지?

A: Do you want to go to a seminar at my university?
우리 학교에서 열리는 세미나에 갈래?

B: **That sounds** a little boring. 좀 지루하겠는걸.

바로바로 CHECK!
That sounds~ 다음에 다양한 형용사를 넣어보자.

1. 맛있겠다. 나도 같은 걸로 할게 (delicious)

2. 그거 문제가 심각한 것 같구나 (serious)

3. 그거 정말 웃긴다 (ridiculous)

1. That sounds delicious. I'll have the same 2. That sounds serious 3. That sounds ridiculous

That sounds like~ …한 것 같아

핵심문장
달달외우기

▶ That sounds 다음에 like를 추가한 형태로 쓴 경우.

▶ 의미는 That sounds~와 같지만 형태가 약간 틀릴 뿐이다.

▶ like 다음에는 명사 뿐만 아니라 '주어+동사'로 된 문장도 올 수 있다.

That sounds like a good idea   좋은 생각 같은데

That sounds like a bad idea to me
내 생각엔 좋은 생각이 아닌 것 같아

That sounds like a problem   문제가 있어 보이는데

That sounds like a lot of fun   굉장히 재미있겠다

That sounds like you need a new mouse
새 마우스가 필요하다는 얘기 같은데

That sounds like good advice   좋은 충고 같구나

네이티브처럼
말해보기

A: I'm going to let him borrow five hundred dollars.
걔한테 500달러 빌려주려고 해.

B: **That sounds like a bad idea to me.** 별로 좋은 생각 같지 않은데.

A: William invited us to his party tonight. 윌리엄이 올밤 파티에 우릴 초대했어.

B: **That sounds like a lot of fun.** 진짜 재미있겠는걸.

바로바로 CHECK!
That sounds like~ 다음에 다양한 명사와 문장을 넣어보자.

1. 무척 재미있을 것 같아 (a lot of fun to~)

2. 어유 끔찍해라 (a nightmare)

3. 네가 이혼할 것 같은데 (be going to divorce)

---

1. That sounds like a lot of fun to me   2. That sounds like a nightmare   3. That sounds like you're going to divorce

049

It is+형용사 …야, …해

핵심문장
달달외우기

▶ This/That에 이어 이제 It is로 시작하는 패턴들을 알아본다.

▶ 맨처음으로 It is 다음에 형용사나 과거분사형 형용사가 오는 경우로

▶ 사물의 외양·성질을, 혹은 어떤 행동이나 사건, 상대의 말을 언급할 때 쓰인다.

It's okay[all right]	괜찮아
It's not true	사실이 아냐
It's so hard for me	나한테는 꽤 힘들어
It's broken	부서졌어[망가졌어]
It's a little complicated	좀 복잡해
It's close to where I live	내가 사는 곳에서 가까워
It's very kind of you	고마워[넌 정말 친절하구나]

네이티브처럼
말해보기

A: Can I give you a lift home in my car? 내 차로 집까지 태워다줄까?

B: Thanks. **It's very** kind of you. 고마워. 정말 친절하구나.

A: Why didn't you call me on your cell? 너 왜 핸드폰으로 전화안한거야?

B: **It's** broken. I can't may any calls. 망가졌어. 전화를 걸 수가 없어.

바로바로 CHECK!
It is~ 다음에 다양한 형용사를 넣어보자.

1. 그건 아주 드물어 (rare)

2. 그건 앞의 것과 매우 유사해 (previous one)

3. 그건 일반적으로 쓰이지 않아 (commonly)

050

It is +명사 ...야

핵심문장
달달외우기

▶ It is 다음에 명사가 오는 경우로

▶ 시간(It's one o'clock)이나 거리(It's far from here)를 표현할 때 애용.

▶ 부정하려면 It's not+명사형태로 사용하면 된다.

It's your turn	네 차례야
It's nothing	아무 것도 아냐
It's the same with me	나하고 같네
It's 3:00 in the morning!	지금 새벽 세시라구!
It's not your fault	네 잘못이 아냐

네이티브처럼
말해보기

A: My boss gives me too much work. 우리 사장님은 일을 너무 많이 시키셔.

B: **It's** the same with me. I'm always stressed.
나하고 같네. 항상 스트레스를 받지.

A: I just called to talk to you. 너하고 얘기하려고 전화했어.

B: **It's** 3:00 in the morning. Go to sleep. 새벽 세시야. 좀 자라.

바로바로 CHECK!
It is~ 다음에 다양한 명사를 넣어보자.

1. 아주 아름다운 건물인데 (a structure)

2. 지금은 큰 문제야 (right now)

3. 9시 15분 전이야 (a quarter to)

1. It is such a beautiful structure 2. It is a very big problem right now 3. It is a quarter to nine

051 It's+전치사구 그건 …에 있어

핵심문장
달달외우기

▸ It's 다음에도 형용사/명사만 오는 건 아니다.
▸ It's+전치사구가 형태가 쓰이기도 하는데 「그건 …에 있어」라는 의미이다.
▸ 주로 위치를 말해줄 때 사용되는 패턴.

It's next to the coffee shop	그건 커피숍 옆에 있어요
It's just around the corner	바로 골목어귀에 있어[가까워]
It's right over there	바로 저기야
It's up to you	너한테 달린 일이야
It's across the street	길 건너에 있어

네이티브처럼
말해보기

A: **Where is the post office?** 우체국이 어디 있나요?
B: **It's just around** the corner. 길 모퉁이에 있어요.

A: **Would you like me to visit you?** 내가 너 있는 데로 갈까?
B: **It's up to** you. Do you have time? 그야 네 맘이지. 시간은 있어?

바로바로 CHECK!
It's~ 다음에 다양한 전치사구를 넣어보자.

1. 끝난 거라고 말하지 마 (be over)

2. 잠깐만, 혀 끝에서 뱅뱅 도는데 (on the tip of my tongue)

3. 왼쪽으로 돌면, 오른편에 있어요 (be on the right)

1. Don't tell me that it's over 2. Just a minute, it's on the tip of my tongue 3. After the left turn, it's on the right

052

It is~ to~ …하는게 …해

핵심문장
달달외우기

▶ It의 대표적인 용법중 하나인 It가 가주어로 쓰인 경우.
▶ It is+형용사+to+동사 형태에서 It이 가주어, 진주어는 to~이하가 된다.
▶ to~ 이하의 행동을 하는 주체는 to 앞에 'for+사람'을 붙이면 된다.

It's easy **to** get there	거기에 도착하는 건 쉬워
It's good for you **to** eat some vegetables	
야채를 먹는 게 너한테 좋아	
It's not good for you **to** stay up too late	
너무 늦게까지 안자고 있는 건 좋지 않아	
It's hard **to** forget about it	그걸 잊기는 어렵지
It's so hard **to** lose weight	몸무게를 줄이기가 굉장히 어려워

네이티브처럼
말해보기

A: I don't like the taste of lettuce. 양배추 맛이 싫어.

B: **It's** good for you **to** eat some vegetables. 야채를 먹는게 네 몸에 좋아.

A: God, I feel so tired today. 어휴, 오늘 정말 피곤하다.

B: **It's not** good for you **to** stay up too late.
너무 늦게까지 일어나 있는 건 너한테 안좋아.

바로바로 CHECK!
It's+형용사+to~ 다음에 다양한 동사를 넣어보자.

1. 다들 걜 좋아하는 이유는 뻔해 (see why)

2. 내일까지 그 일을 마치는 건 어려워 (get the job done)

3. 그렇게 말해줘서 정말 고마워 (hear you say that)

1. It's easy to see why everyone likes her 2. It is difficult to get the job done by tomorrow
3. It is very nice to hear you say that

It's~ that~ …하는 게 …해

핵심문장
달달외우기

▸ 이번에는 It이 가주어, that 절이 진주어가 되는 패턴으로
▸ It이 실제로 가리키는 것은 that 절이다.
▸ It is 다음에는 형용사 혹은 명사가 올 수 있다.

It's important that you trust your boss
네 상사를 믿는다는 게 중요해

It's obvious that he knows something
걘 뭔가 알고 있는 게 틀림없어

It's not my fault that I'm late   늦은 건 내 잘못이 아냐

It's clear that we have to do something
뭔가를 해야만 한다는 건 분명해

네이티브처럼
말해보기

A: **You are late for class.** 수업에 늦었구나.

B: **It's not my fault I'm late. The bus broke down.**
지각한 건 제 잘못이 아니에요. 버스가 고장났었다구요.

A: **It's obvious that he knows something.**
걔가 뭔가 알고 있는 게 틀림없어.

B: **What makes you think so?** 어째서 그렇게 생각해?

바로바로 CHECK!
It's+형용사/명사 that~ 다음에 다양한 문장을 넣어보자.

1. 우리가 휴가를 받을 때가 되었어 (take some holidays)

2. 이 일을 빨리 끝내는게 급해 (finish this job)

3. 리차드가 질과 헤어진게 사실야 (break up with)

1. It's high time that we took some holidays 2. It is urgent that you finish this job
3. It is true that Richard broke up with Jill

Is it~? …해?

핵심문장
달달외우기

▸ 앞서 배운 It is~ 패턴을 의문문 형태로 바꾼 것으로
▸ 마찬가지로 Is it 다음에는 형용사, 명사 그리고 전치사구가 올 수 있다.
▸ 어떤 사실여부나 각종 정보를 얻을 때 유용하다.

Is it true?	그거 정말이야?
Is it free?	그거 공짜니?
Is it far from here?	여기서 멀어?
Is it his birthday already?	벌써 걔 생일이니?
Is it over there?	그거 저기 있어?

네이티브처럼
말해보기

A: A great new shopping center just opened.
근사한 새 쇼핑몰이 영업을 시작했어.

B: Really? **Is it** far from here? 정말? 여기서 머니?

A: Let's go to the student's concert. 학생들이 여는 콘서트에 가자.

B: **Is it** free or do we have to buy tickets?
공짜니, 아니면 티켓을 사야 하니?

바로바로 CHECK!
Is it~? 다음에 다양한 형용사/명사/전치사구를 넣어보자.

1. 벌써 걔 생일이 됐나? (already)

2. 경기장 옆에 있나요? (the stadium)

3. 오른편에 있나요, 왼편에 있나요? (on the right)

1. Is it his birthday already? 2. Is it next to the stadium? 3. Is it on the right or left?

Is it~ to~? …하는 게 …해?

핵심문장
달달외우기

▶ 역시 앞서 배운 It is+형용사+to+동사패턴을 의문문으로 바꾼 것으로
▶ 상대방에게 어떤 정보를 얻거나 확인할 때 긴요한 패턴이다.
▶ 특히 necessary, hard 등을 중심으로 to+V를 다양하게 바꾸어본다.

Is it hard to learn French grammar?
프랑스어 문법 배우는 게 어려워?

Is it safe to walk the streets at night?
밤에 그 거리를 걸어다니는 거 안전하니?

Is it too early to check in? 체크인하기엔 너무 이른가요?

Is it necessary to visit them today?
걔들을 꼭 오늘 찾아가야 하니?

네이티브처럼
말해보기

A: **Is it hard to** learn Japanese grammar? 일본어 문법 배우기 어렵니?
B: Yes, but it's easier than Chinese. 응 어렵지. 하지만 중국어보다는 쉬워.

A: Let's hurry. We'll be on time if we leave now.
서두르자. 지금 출발하면 제시간에 도착할거야.

B: **Is it necessary to** visit them today? 걔들을 꼭 오늘 찾아가야 하니?

바로바로 CHECK!
Is it+형용사+to~ ? 다음에 다양한 동사를 넣어보자.

1. 이 컴퓨터를 고치는게 중요해? (fix this computer)

2. 뉴욕에서 사는게 재미있지? (live in)

3. 운전면허를 따는게 쉬워? (get your driver's license)

1. Is it important to fix this computer? 2. Is it interesting to live in New York?
3. Is it easy to get your driver's license?

왕초보달출패턴
056

Is it okay~? …해도 돼?

핵심문장
달달외우기

▶ 앞의 Is it+형용사+to~?패턴 중에서 가장 많이 쓰이는 것으로
▶ 상대방의 의사를 묻거나 가볍게 허락을 구할 때 사용하면 된다.
▶ okay 대신 all right을 써도 되며, to+동사원형 대신 if S+V를 넣어도 된다.

Is it okay to come in?	들어가도 되나요?
Is it okay for me to sit down here?	내가 여기 앉아도 될까?
Is it okay if I phone after lunch?	점심후에 전화해도 될까?

Is it all right if I ask you one more question?
하나만 더 물어봐도 될까?

Is it all right if I finish the apple juice?
이 사과주스 다 마셔도 될까?

Is it okay for me to use your computer?
내가 네 컴퓨터를 써도 될까?

네이티브처럼
말해보기

A: **Is it okay** to come in? 들어가도 될까요?
B: Sure. What's the matter? 그럼요. 무슨 일 있어요?
A: I can't talk. I'm very busy now. 얘기할 수가 없어. 지금 굉장히 바쁘거든.
B: **Is it okay** if I phone after lunch? 점심식사 후에 전화해도 될까?

바로바로 CHECK!
Is it okay to/if~ 다음에 다양한 동사/문장을 넣어보자.

1. 오늘 저녁에 치킨 먹어도 돼? (eat chicken)

2. 차 여기다 주차해도 돼? (park my car)

3. 담배펴도 돼? (smoke a cigarette)

1. Is it OK if we eat chicken tonight? 2. Is it all right to park my car here?
3. Is it all right if I smoke a cigarette?

It+동사 ···해

핵심문장
달달외우기

▶ It 역시 That과 마찬가지로 일반동사들 앞에서 주어로 쓰일 수 있다.
▶ 특히 It 다음에 look, sound, smell 처럼 감각동사가 오는 경우가 많다.
▶ It looks like+명사/S+V~, It sounds like+명사/S+V~도 함께 알아둔다.

It looks good	근사해보여
It looks like it will rain	비가 올 것 같아
It hurts	아파
It works	효과가 있네
It doesn't matter	그건 중요하지 않아[상관없어]
It smells delicious[good]	맛있는 냄새가 나네

네이티브처럼
말해보기

A: Do you like my drawing? 내가 그린 그림 맘에 들어?
B: It looks good. You should study art. 멋있다. 미술을 공부해야겠네.

A: It looks like it will rain. 비가 올 것 같아.
B: It doesn't matter. We'll be inside. 상관없어. 우린 실내에 있을 거니까.

📋 바로바로 CHECK!
It~ 다음에 다양한 동사를 넣어보자.

1. 월요일부터 금요일까지 9시 30분에 열어요 (through)

2. 제대로 안돼, 그렇게는 안돼 (work)

3. 경우에 따라 다르죠. 어디에 가실 건데요? (depend)

1. It opens at 9:30, Monday through Friday 2. It doesn't work 3. It depends. Where do you want to go?

It takes+시간+to~ …하는데 …가 걸려

핵심문장
달달외우기

▸ 바로 앞에서 언급한 It+일반동사의 대표적인 문형이다.
▸ It takes 다음에 '시간명사'가 와서 「…만큼 걸리다」라는 의미로
▸ 'to+V'을 뒤에 붙여 '뭘 하는 데' 그만큼의 시간이 걸리는지를 말할 수 있다.

It takes 10 minutes **to** go there	거기 가는 데 10분 걸려
It takes only a couple of days	이틀이면 돼요
It takes about 1 hour **to** get to work	출근하는 데 1시간 정도 걸려
It takes a month **to** review them all	
그것들을 다 검토하는 데 한 달 걸려요	
It took a year **to** get over him	걜 잊는 데 일년 걸렸어
It takes 30 minutes **to** walk there	거기까지 걸어서 30분 걸려

네이티브처럼
말해보기

A: How far do you live from your office? 직장에서 얼마나 멀리 살아?

B: **It takes** about 1 hour **to** get to work. 출근하는 데 1시간 정도 걸려.

A: **It takes** at least a week **to** finish this type of work.
이런 유형의 일을 끝내려면 적어도 일주일은 걸려요.

B: That's too long. Couldn't you finish a little earlier?
일주일은 너무 길어요. 좀더 일찍 마칠 수는 없나요?

바로바로 CHECK!
It takes+시간명사+to~ 다음에 다양한 동사를 넣어보자.

1. 사무실가는 데 한 30분 걸려 (get to)

2. 내가 그걸 찾는데 시간 많이 걸렸어 (find it)

3. 컴퓨터 수리에 시간이 좀 걸릴 것 같아 (repair that computer)

1. It takes about 30 minutes to get to the office 2. It took a long time for me to find it
3. It will take time to repair that computer

It takes+명사+to~ …하는데 …가 필요해

핵심문장
달달외우기

▶ It takes+명사는 시간이 얼마만큼 「걸리다」라고 할 때 뿐만 아니라

▶ 시간 외 명사가 와서 to 이하를 하는데 「…가 필요하다」고 말할 수 있는데

▶ 보통 '사람, 노력, 공간 등을 나타내는 명사가 오는 경우가 많다.

It takes two men **to** do this job   이 일을 하는 데는 두 명이 들어

It takes a lot of hard work   각고의 노력이 필요해

It takes courage **to** do so   그러려면 용기가 필요해

It takes a lot of focus **to** be good   잘하려면 꽤나 집중을 해야 해

It takes a large place **to** hold a party

파티를 열려면 넓은 장소가 필요해

It takes 3 people **to** play this game

이 게임을 하려면 세 명이 필요해

네이티브처럼
말해보기

A: **It takes** two men **to** do this job. 이 일을 하려면 두 사람이 필요해.

B: We'd both better work on it. 우리 둘이 하면 되겠네.

A: Those professional athletes are amazing. 저 프로 선수들은 대단해.

B: **It takes** a lot of focus **to** be good. 잘하려면 꽤나 집중을 해야 해.

바로바로 CHECK!

It takes+명사+to~ 다음에 다양한 동사를 넣어보자.

1. 잭과 싸울려면 배짱이 있어야 되는데 (fight with)

2. 그걸 말하려면 큰 배짱이 필요해 (say that)

3. 내가 진실을 말하는데 많은 용기가 필요했어 (tell the truth)

1. It takes balls to fight with Jack   2. It took a lot of balls to say that   3. It took a lot of courage for me to tell the truth

It seems ~ …인 것 같아

핵심문장
달달외우기

▸ 「…인 것 같아」라고 하여 자신의 의견을 부드럽게 말할 때 쓰는 표현.
▸ 뒤에는 절이 오기도 하고, 형용사나 명사가 오기도 한다.
▸ 또한 It seems to me~하면 개인적인 견해라는 점을 강조할 수도 있다.

It seems he's always busy	걘 항상 바쁜 것 같아
It seems that you've got a problem	문제가 있는 것 같군요
It seems to me she doesn't love you	
내 생각에 걘 널 사랑하지 않는 것 같아	
It seems to me I've seen it before somewhere	
그걸 전에 어디선가 본 것 같아	
It seems I have lost my wallet	지갑을 잃어버린 것 같아

네이티브처럼
말해보기

A: What do you think about our project? 프로젝트에 대해 어떻게 생각해?

B: **It seems that** you've got a problem. 문제가 있는 것 같네요.

A: Why do you fight so much with your husband?
남편하고 왜 그렇게 많이 싸워?

B: **It seems that** he's always busy. 항상 바쁜 것 같아서.

바로바로 CHECK!
It seems (to me)~ 다음에 다양한 문장을 넣어보자.

1. 숙제하느라 너 완전히 지친 것 같아 (be tired from)

2. 지갑을 잃어버린 것 같아 (lose my wallet)

3. 내겐 걔가 정말로 문제가 되고 있는 것 같아 (become a problem)

1. It seems that you are really tired from this homework   2. It seems that I have lost my wallet
3. It seems to me that he's really becoming a problem

It seems like~ ···인 것 같아

핵심문장
달달외우기

▶ 앞의 It seems~ 패턴에서 seems 다음에 like를 덧붙인 것으로
▶ It seems ~ 보다 좀더 완곡하게 느껴지는 표현이다.
▶ It seems like 다음에는 명사 혹은 주어+동사의 문장이 온다.

It seems like a good idea　　　　좋은 생각인 것 같아

It seems like he has a lot of friends
걘 친구가 많은 것 같아

It seems like it's time to break up with her
걔랑 헤어질 때도 된 거 같은데

It seems like yesterday that she was a kid
걔가 꼬마였을 때가 엊그제 같은데

It seems like she is always late　　　그 여잔 항상 늦는 것 같네요

네이티브처럼
말해보기

A: **It seems like** he has a lot of friends. 걘 친구가 많은 것 같아.
B: Yes, he's a nice guy. 응. 걘 성격 좋은 녀석이니까.

A: Have you looked at their investment plan?
　　그쪽의 투자전략은 훑어봤어?
B: Yeah. **It seems like** a good idea. 응. 좋은 생각인 것 같아

바로바로 CHECK!
It seems like~ 다음에 다양한 명사나 문장을 넣어보자.

1. 제인이 요즘 술을 많이 마시는 것 같아 (these days)

2. 헤어질 때가 된 것 같구나 (break up with)

3. 네 방에 책이 많이 있는 것 같아 (a lot of)

---

1. It seems like Jane is drinking a lot of alcohol these days　2. It seems like it's time to break up with her
3. It seems like there is a lot of books in your room　　Chapter 02_주어가 This[That], It, 기타 사물주어인 경우　**77**

핵심문장
달달외우기

▶ seem의 주어로 It이 아닌 사람을 뜻하는 명사가 오는 경우로
▶ 이때는 seem 뒤에는 형용사나 명사 혹은 to+동사 등의 보어가 오게 된다.
▶ 의미는 마찬가지로 「…한 것 같아」라는 뜻이다.

He seems nervous	걘 신경이 날카로운 것 같아
They seemed an ideal couple	걔들은 이상적인 커플같았는데
Sean seems tired this morning	션은 오늘 아침 피곤한 것 같네
She seems very smart	그 여잔 굉장히 똑똑해 보여

네이티브처럼
말해보기

A: **He seems** nervous. What's wrong?
걔가 신경이 날카로운 것 같은데. 무슨 일 있어?

B: He's had a lot of stress lately. 요새 스트레스를 많이 받아서 그래.

A: Is the boss still upset with me? 상사가 아직도 나한테 화나 있어?

B: **He doesn't seem to** be in good mood yet.
아직 기분이 안좋아보여.

바로바로 CHECK!
He seems~ 다음에 다양한 형용사나 to+동사를 넣어보자.

1. 걔 요즘 좀 미친 것 같아 (a bit crazy)

2. 까탈스럽지 않은 사람인 것 같아 (an easy-going person)

3. 걔도 좋아하는 것 같던데 (like it)

1. He seems a bit crazy these days 2. He seems to be an easy-going person 3. She seemed to like it

063

사물주어 + 동사 …해

핵심문장
달달외우기

▸ 지금까지 인칭대명사나 This/That/It 등으로 시작하는 패턴을 학습했지만
▸ 여기서는 일반명사, 즉 사물이 주어가 되는 경우를 잠깐 살펴보기로 한다.
▸ 특히 '사물주어+hurt/work/say' 등의 영어적인 표현에 익숙해지도록 한다.

The concert **began**	콘서트가 시작됐어
The telephone **works fine**	전화가 작동이 잘 돼
The sign **says, "Don't Cross"**	표지판에 "건너지마시오"라고 쓰여있어
The coat **fits you**	이 코트가 너한테 (사이즈가) 맞아
This train **goes to New York**	이 기차는 뉴욕으로 가요

네이티브처럼
말해보기

A: You're very late. **The concert** began at six.
꽤 늦었네. 콘서트는 6시에 시작했는데.

B: Sorry. The traffic was heavy. 미안해. 길이 막혀서.

A: **The sign** says, "Don't Cross." 표지판에 "건너지 마시오"라고 쓰여있어.

B: How can I get across the street? 그럼 어떻게 길을 건너면 되는 거야?

바로바로 CHECK!
사물주어 다음에 다양한 동사를 넣어보자.

1. 주식이 50포인트나 떨어졌어 (stock market)

2. 봄 날씨는 정말 좋아 (in the spring)

3. 캐나다 간다는 소문을 들었어 (leave for)

1. The stock market just dropped by 50 points 2. The weather in the spring feels so nice 3. Rumor
has it you will be leaving for Canada

Chapter 02_주어가 This[That], It, 기타 사물주어인 경우   79

064 사물주어 don't[doesn't]+동사 …하지 않아

핵심문장
달달외우기

▸ 사물주어로 시작하는 문장의 부정문 형태로 사물주어 다음에

▸ 단복수 혹은 시제에 따라 don't(doesn't, didn't)+동사를 붙이면 된다.

▸ 미래의 경우에는 사물주어+won't라 한다.

The car doesn't run   자동차가 꼼짝도 안해

The water won't come out   물이 안나와

The bus didn't go to Manhattan
그 버스는 맨해튼으로 가지 않았어

네이티브처럼
말해보기

A: Darn it! **The TV doesn't** work. 젠장! TV가 안나오네.

B: You'd better call a TV repairman. TV 수리공을 불러야겠네.

A: **The car doesn't** run because of an engine problem.
엔진에 문제가 있어서 차가 꼼짝도 안해.

B: I'll bet it will be expensive to fix. 분명 고치는 데 돈이 많이 들거야.

바로바로 CHECK!
사물주어+don't[doesn't] 다음에 다양한 동사를 넣어보자.

1. 파티는 어젯밤에 안열렸어 (happen)

2. 학생들은 새로운 선생을 좋아하지 않아 (new teacher)

3. 시간이 흐른다고 달라지지 않을거야 (make a difference)

1. The party didn't happen last night 2. The students don't like the new teacher
3. Time won't make a difference

사물주어+be ~ …해

핵심문장
달달외우기

▸ 사물주어가 be동사와 결합하는 경우로
▸ be 다음에는 명사 혹은 형용사가 와서 주어의 상태를 말해준다.
▸ 'be+사물주어+명사/형용사?'의 의문문형태도 함께 연습해본다.

The schedule is **very tight**	일정이 굉장히 빡빡해
Is the subway station **near here?**	전철역이 이 근처에 있니?
Was the room **nice and warm?**	방은 쾌적했니?

네이티브처럼
말해보기

A: Did you enjoy the new Nicole Kidman movie? I know you like her. 니콜 키드먼의 새 영화 재밌었니? 너 그 배우 좋아하잖아.

B: Yes, **her performance was** perfect. 응. 니콜 키드먼의 연기는 최고였어.

A: **Was the room** nice and warm? 방은 쾌적했니?

B: No, it was pretty cold in there. 아니. 방안이 굉장히 춥더라구.

바로바로 CHECK!
사물주어+be~ 다음에 다양한 명사/형용사를 넣어보자.

1. 내일 네 생일이지, 그렇지? (right?)

2. 이 책은 너무 어려워서 난 이해가 안가 (understand)

3. 그 셔츠는 네가 입기에 넉넉하지가 않아 (big enough for)

1. Tomorrow is your birthday, right? 2. This book is too difficult for me to understand
3. That shirt isn't big enough for you

사물주어 be ~ing …하고 있어

핵심문장
달달외우기

▸ 사물주어 다음에 be동사가 오는 두 번째 경우로
▸ 사물주어에 현재진행형인 be+~ing이 결합한 패턴이다.
▸ 사물의 작동이 진행중임을 나타내거나 현재 어떤 상태인지를 강조한다.

The book is sitt**ing** on the shelf	책은 선반 위에 놓여있어
Sweat is runn**ing** down my shirt	땀이 셔츠 속에서 흘러
It is kill**ing** me	그것 때문에 미치겠어
The machine is work**ing** now	기계는 지금 작동중이에요

네이티브처럼
말해보기

A: **The phone is** ring**ing.** 전화벨이 울리네.
B: Can you answer it? I'm kind of busy. 받아줄래? 내가 좀 바빠서.

A: Did you go to the gym today? 오늘 헬스클럽 갔니?
B: Yes, I exercised. **Sweat is** runn**ing** down my shirt.
   응. 운동했어. 땀이 셔츠 속에서 흘러.

📋 **바로바로** CHECK!
사물주어+be~ 다음에 다양한 동사의 ~ing를 넣어보자.

1. 영화 「존윅」이 9시 30분에 있던데요 (play at)

2. 회사는 금년에 적자를 보고 있어 (lose money)

3. 얘들은 항상 무척 시끄럽게 해 (make a lot of noise)

1. The movie "John Wick" is playing at nine-thirty 2. The company is losing money this year
3. The children are always making a lot of noise

사물주어 be+pp …한 상태야

핵심문장
달달외우기

▸ 사물주어에 be 동사가 붙는 마지막 경우로

▸ 사물주어 다음에 be+pp의 수동태가 붙는 패턴이다.

▸ 동사주체가 애매하거나, 동사주체보다는 사물의 상태에 초점을 맞출 경우에 쓴다.

The flight to Miami is delayed
마이애미 비행 일정이 연기되었어

The street is filled with people　　　길이 사람들로 가득해

The poster is being displayed on the wall
포스터는 벽에 걸려 있어

It is called a "dashboard"　　　그건 "계기판"이라고 불러요

네이티브처럼
말해보기

A: What are you doing standing outside the office?
사무실 밖에 서서 뭐하는 거야?

B: Well, **the door is** lock**ed.** 그게. 문이 잠겨 있어.

A: **The street is** fill**ed** with people. 길이 사람들로 가득해.

B: They're watching the Independence Day parade. Today is the 4th of July. 독립기념일 퍼레이드를 구경하는 거야. 오늘이 7월 4일이잖아.

바로바로 CHECK!
사물주어+be~ 다음에 다양한 동사의 pp를 넣어보자.

1. 상황이 바뀌었어 (things)

2. 방문객은 여기있으면 안됩니다 (be supposed to)

3. 표가 다 매진되었대 (be sold out)

1. Things are changed　2. Visitors are not supposed to be here　3. The tickets were sold out

068 Here is[are]+명사 …가 있어

핵심문장
달달외우기

▸ Here가 주어로 쓰일 때는 주로 물건이나 정보를 건네주면서 하는 말로
▸ Here is[are]+명사 형태로 사용된다.
▸ Here로 시작하는 관용표현 Here you are, Here it is 등도 함께 외워둔다.

Here's your change and receipt 자, 여기 거스름돈과 영수증이요

Here's your order 주문하신 음식 나왔습니다

Here's good news for you 너한테 좋은 소식 있어

Here are the papers you asked for
부탁하신 서류 여기 있어요

Here's my (phone) number 여기, 내 전화번호예요

Here's my (business) card 이거 제 명함이에요

네이티브처럼
말해보기

A: I'll give you the money for the tickets. 티켓 값 드리겠습니다.
B: Thank you. **Here's** your change and receipt.
감사합니다. 여기 거스름돈과 영수증이요.

A: **Here's** my card. Call me at this number. 명함이에요. 이 번호로 전화하세요.
B: Okay. When is a good time for you to talk?
알겠습니다. 언제가 통화하기 편한 시간인가요?

바로바로 CHECK!
Here is[are]~ 다음에 다양한 명사를 넣어보자.

1. 이거 받아, 너 주려는 거야 (something for)

2. 요청하신 서류들 여기 있어요 (you requested)

3. 여기 네 생일선물 (a present for)

1. Here's something for you 2. Here are the papers you requested
3. Here is a present for your birthday

There is~ …가 있어

핵심문장
달달외우기

▶ There is(are)~ 역시 「거기는 ~」이라고 생각하면 크나큰 오해.

▶ There is 다음에 '단수명사'가 와서 「…이 있다」는 의미를 나타내며

▶ Is there~?하면 「…가 있냐?」라고 물어보는 문장이 된다.

There's a phone call for you   너한테 전화가 와 있어

There's a gas station on the corner
길모퉁이에 주유소가 있어요

There's only one way to get there   거기 가는 길은 딱 하나야

There's nothing to tell   말할 게 없어

Is there any problem?   무슨 문제라도 있나요?

Is there a restaurant nearby?   근처에 식당이 있나요?

네이티브처럼
말해보기

A: **There's** a phone call for you. 전화 왔어요.

B: Thank you. I'll take it in my office. 고마워요. 내 사무실에서 받을게요.

A: Isn't there a short cut to get home? 집으로 가는 지름길은 없나?

B: No, **there's** only one way to get there. 없어, 가는 길은 딱 하나야.

바로바로 CHECK!
There is~ 다음에 다양한 명사를 넣어보자.

1. 여기 할 일이 너무 많아 (a lot of work)

2. 복사기에 좀 문제가 있어 (the copy machine)

3. 확실해 그래! (no doubt about)

1. There is a lot of work to do here 2. There is some problem with the copy machine
3. There is no doubt about it!

There are~ …가 있어

핵심문장
달달외우기

▸ 이번에는 복수명사가 있다고 말하는 경우로
▸ There are+복수명사 형태로 사용하면 된다.
▸ 또한 Are there~?로 의문문을 만들 수도 있다.

There are a lot of reasons for that
거기에 대한 이유라면 많아

There are a few things you should know
네가 알아야 할 것들이 몇가지 있어

Are there cheaper ones in the store?
가게 안에 좀더 싼 게 있나요?

There are many things to think about
생각할 것들이 많이 있어

네이티브처럼
말해보기

A: **There are** cute girls at the bar. 바에 예쁜 여자애들이 있어.

B: Let's go over and introduce ourselves. 가서 우리 소개를 하자.

A: Why did you change your major at university?
대학에서 전공을 왜 바꿨어?

B: **There are** many reasons for that. 여러 가지 이유가 있어.

바로바로 CHECK!
There are~ 다음에 다양한 명사를 넣어보자.

1. 기분 나쁘게 생각하지 마(no hard feelings)

2. 짐을 싫어하는 사람들이 많아 (a lot of people)

3. 지금까지는 아무 문제도 없어 (so far)

1. There are no hard feelings on my part　2. There are a lot of people who don't like Jim
3. There are no problems so far

Chapter **03**

조동사

왕초보탈출패턴 071-103

I'd like~ …을 원해요

핵심문장
달달외우기

▶ '지금,' '현재' 내가 원하는 것을 표현하는 것으로 I want+명사와 비슷하다.

▶ 일반적으로 내가 좋아하는 것을 말하는 I like+명사와는 구분해야 하며

▶ I want+명사와 다른 점은 I'd like~가 좀 더 부드러운 표현이라는 점이다.

I'd like a window seat	창가쪽 자리로 주세요
I'd like another beer	맥주 한잔 더 마실래요
I'd like that	그렇게 하고싶어(상대의 말을 that으로 받아서)
I'd like the same	같은 걸로 할게요(음식주문 등의 경우)

네이티브처럼
말해보기

A: **I'd like** a window seat. 창가 쪽 자리로 하고 싶은데요.

B: I'm sorry, but those are all sold out. 죄송하지만 그쪽 티켓은 다 팔렸어요.

A: I'm going to order a cafe latte with no cream.
난 프림 넣지 않은 까페라떼 주문할래.

B: **I'd like** the same. They make great coffee here.
나도 같은 걸로 할래. 여긴 커피 맛있게 끓여주더라.

바로바로 CHECK!
I'd like~ 다음에 다양한 명사를 넣어보자.

1. 뉴욕행 왕복 항공권을 사고 싶은데요 (a round-trip ticket)

2. 햄과 계란 요리 주세요 (the ham and eggs)

3. 완전히 익혀주세요 (well-done)

1. I'd like a round-trip ticket to New York   2. I'd like the ham and eggs please
3. I would like it well-done, please

I'd like to~ …하고 싶어

핵심문장
달달외우기

▶ I'd like 다음에 to+동사가 오면 지금 현재 뭔가 하고 싶은 것을 말한다.

▶ 역시 일반적으로 좋아한다는 I like to+동사와 헷갈리지 않도록 한다.

▶ I'd love to~와 같은 뜻이고, I want to+동사보다는 부드러운 표현이다.

I'd like to go with you 너하고 같이 가고 싶어

I'd like to check in 체크인 하고 싶은데요

I'd like to order a large pizza 라지 사이즈 피자를 주문하고 싶어요

I'd like to know what you're thinking about
네가 뭘 생각하는지 알고 싶어

I'd like to talk[speak] to Simon
사이먼하고 얘기하고 싶어(전화통화시 바꿔달라는 의미로도 쓰임)

네이티브처럼
말해보기

A: **I'd like to** check in. 체크인 하고 싶은데요.

B: OK. Do you have any luggage with you? 알겠습니다. 짐은 있으신가요?

A: This is Pizza Hut. Can I help you? 피자헛입니다. 도와드릴까요?

B: Yes, **I'd like to** order a large pizza. 네. 피자 라지 한 판 주문하고 싶은데요.

바로바로 CHECK!
I'd like to~ 다음에 다양한 동사를 넣어보자.

1. 이 코트를 사고 싶은데요 (buy this coat)

2. 신용카드로 지불하겠어요 (pay by)

3. 내일 쉬고 싶은데요 (take tomorrow off)

1. I'd like to buy this coat 2. I'd like to pay by credit card 3. I would like to take tomorrow off

I'd like to, but~ 그러고 싶지만 …

핵심문장
달달외우기

▶ I'd like to를 활용한 응용표현으로 「그러고 싶지만…」이라는 의미로
▶ 상대방의 제안, 권유 등을 예의바르게 거절하는 표현법이다.
▶ but 뒤에는 상대의 말대로 할 수 없다는 내용이나 이유를 말하면 된다.

I'd like to, but I have other plans
그러고는 싶지만, 다른 계획이 있어요

I'd like to, but I can't go with you
그러고는 싶지만 너하고 같이 못가

I'd like to, but I have to get back to work
그러고는 싶지만 일하러 가야 돼

I'd like to, but I don't have enough time
그러고는 싶지만 시간이 충분치 않아

네이티브처럼
말해보기

A: You should go out with us on Friday night.
금요일 밤엔 우리랑 같이 나가자.

B: **I'd like to, but** I have other plans. 그러고는 싶지만 다른 계획이 있어.

A: Hey Frank, have a beer with us. 야, 프랭크, 우리랑 맥주 한잔 하자.

B: **I'd like to, but** I have to get back to work.
그러고는 싶지만 다시 일하러 가봐야 해.

바로바로 CHECK!
I'd like to, but~ 다음에 다양한 문장을 넣어보자.

1. 그러고 싶은데, 우리가 갈 시간이 있는지 모르겠어 (have time to)

2. 그러고 싶은데, 머리가 무지 아파 (a terrible headache)

3. 그러고 싶은데, 좀 피곤해 (a little tired)

1. I'd like to, but I'm not sure we have time to go 2. I'd like to, but I have a terrible headache 3. I'd like to, but I'm a little tired.

왕초보탈출패턴

074

I'd rather~ (차라리) …하는게 낫겠어

핵심문장
달달외우기

▶ 굳이 어느 쪽인지 선택을 한다면 「…가 하고 싶다」는 표현.

▶ 상대의 제안이나 기대와는 좀 어긋나는 경우에 말하는 패턴이다.

▶ I'd rather 담에는 '절'이 올 수도 있지만 여기선 동사가 오는 경우만을 살펴본다.

I'd rather stay home	집에 있는 게 낫겠어, 그냥 집에 있을래
I'd rather go to the party all by myself 그냥 파티에 혼자 갈래	
I'd rather not	난 안그러는 게 낫겠어
I'd rather not go out with Chuck 척하고 데이트하지 않는 게 낫겠어	
I'd rather take a cab	택시를 타는 게 낫겠어
I'd rather not go out tonight	오늘 밤엔 외출하지 않는 게 좋겠어

네이티브처럼
말해보기

A: **Will you go out with me tonight?** 오늘 나하고 데이트할래?

B: **I'd rather stay home and study.** 그냥 집에서 공부할래.

A: **I'm going to fix you up with a date.** 내가 소개팅 시켜줄게.

B: **I'd rather go to the party all by myself.** 그 파티에 그냥 혼자 갈래.

바로바로 CHECK!
I'd rather~ 다음에 다양한 동사를 넣어보자.

1. 말 안하는 게 낫겠어 (say)

2. 그거에 대해 네게 말안하는게 낫겠어 (tell you about)

3. 난 나이트클럽에 가는 게 더 좋은데 (go to)

1. I'd rather not say 2. I'd rather not tell you about it 3. I'd rather go to a nightclub

I'd rather~ than~ …하느니 차라리 …하겠어

핵심문장
달달외우기

▸ 「B하기 보다는 차라리 A가 하고 싶다」는 의미로
▸ 동사 자체를 비교하는 경우에는 I'd rather+동사+than+동사 형태가 되지만
▸ 동사의 목적어를 비교시에는 I'd rather+동사+명사+than+명사 형태가 된다.

I'd rather have fun than save money
난 저축을 하느니 즐기고 싶어

I'd rather die than speak in front of people
사람들 앞에서 연설을 하느니 차라리 죽는 게 나아

I'd rather go with her than anyone else
다른 사람하고 가느니 걔하고 같이 갈래

I'd rather do it today than tomorrow
내일보다는 오늘 하는 게 낫겠어

네이티브처럼
말해보기

A: Why are you taking your sister to the dance?
춤추는 데 왜 여동생을 데리고 가는 거야?

B: **I'd rather go with her than anyone else.**
다른 사람하고 가느니 걔하고 가는 게 나아.

A: **I'd rather have fun than save money.** 저축을 하느니 즐기는 게 나아.

B: You should worry about your future more. 미래를 좀더 걱정해야지.

바로바로 CHECK!
I'd rather A than B의 A, B에 다양한 동사/명사를 넣어보자.

1. 돌아가느니 죽는 게 낫겠어 (go back)

2. 돈을 많이 벌기 보다는 차라리 재미있는게 나아 (make a lot of money)

3. 너랑 데이트하느니 집에 혼자 있는게 낫겠어 (go out with)

1. I'd rather die than go back   2. I'd rather have fun than make a lot of money
3. I'd rather be alone than go out with you

Would[Could] you~? ···해줄래요?

핵심문장
달달외우기

▶ 상대에게 뭔가 해달라고 부탁하거나 뭔가 하자고 제안할 때 쓰는 것으로
▶ Would you~?나 Could you~?로 물어보면 상당히 공손한 느낌을 준다.
▶ 더 공손히 하려면 Would[Could] you please ~?로 물어보면 된다.

Would you have dinner with me sometime?
언제 한번 저하고 같이 저녁식사 할래요?

Would you lend me your phone?   전화 좀 써도 될까요?

Would you hold the line for a second?
잠깐 끊지 말고 기다려 주실래요?

Could you do me a favor?   부탁 하나 들어 줄래요?

Could you recommend one for me?
저한테 하나 추천해 주실래요?

Would you pass me the salt?   소금 좀 건네 주실래요?

네이티브처럼
말해보기

A: **Would you** turn the radio down? 라디오 소리 좀 줄여줄래?
B: Sorry. I didn't realize it was too loud. 미안해. 소리가 너무 큰 줄 몰랐네.
A: This store sells many fine wines. 이 가게에서는 고급 와인을 많이 팔지.
B: **Could you** recommend one for me? 하나 추천해주겠어?

바로바로 CHECK!
Would[Could] you~? 다음에 다양한 동사를 넣어보자.

1. 컴퓨터에 뭐 좀 확인할 수 있어? (check~ on the computer)

2. 조용히 좀 해줄래? (keep it down)

3. 조금 천천히 말씀해주시겠어요? (speak more slowly)

---

1. Could you check something on the computer?   2. Would you keep it down?
3. Would you speak more slowly, please?

Would you like~? …할래요?, …을 줄까?

핵심문장
달달외우기

▶ Would you like~?는 음식을 권하거나 뭔가 제안하여 상대의향을 물어본다.

▶ 특히 Would you like+명사?는 주로 음식 등을 권할 때 자주 사용된다.

▶ 상대방의 일반적인 기호를 물어보는 Do you like~?와는 구분해야 한다.

Would you like something to drink?   마실것 좀 드릴까요?

Would you like some beer?   맥주 좀 드릴까요?

Would you like a small or a large size?
작은 걸로 드실래요, 큰 걸로 드실래요?

Would you like soup or salad with your lunch?
점심식사에 곁들여서 수프를 드시겠습니까, 샐러드를 드시겠습니까?

Would you like a glass of wine before dinner?
저녁 먹기 전에 와인 한잔 하실래요?

네이티브처럼
말해보기

A: What a long day. I'm really tired. 정말 힘든 하루였어. 굉장히 피곤하다.

B: Me too. **Would you like** some beer? 나도 그래. 맥주 좀 마실래?

A: Give me a coke, please. 콜라 한 잔 주세요.

B: No problem. **Would you like** a large or a small size?
네. 큰 걸로 드릴까요, 작은 걸로 드릴까요?

바로바로 CHECK!
Would you like~? 다음에 다양한 명사를 넣어보자.

1. 음식 좀 더 들래? (some more food)

2. 샌드위치 먹을래 아니면 시리얼 먹을래? (a sandwich or cereal)

3. 이어폰을 좀 갖다 드릴까요? (some ear phones)

1. Would you like some more food?   2. Would you like a sandwich or cereal?
3. Would you like some ear phones?

왕초보달출패턴

078

Would you like to~? …할래요?

핵심문장
달달외우기

▶ 이번에는 like 다음에 명사가 아니라 to+동사가 온 경우로

▶ 주로 어떤 일을 함께 하자고 제안하면서 상대의향을 물어보는 말.

▶ 좀 더 캐주얼하게 말하려면 Do you want to+동사?를 사용하면 된다.

Would you like to join us?　　　　　우리랑 같이 할래?

Would you like to go for a drive?　　드라이브 갈래요?

Would you like to go out with me sometime?
언제 한번 나랑 데이트 할래요?

Would you like to come for dinner?　저녁 먹으러 올래요?

Would you like to eat at McDonald's?　맥도널즈에서 먹을래요?

Would you like to try another one?
다른 걸로 입어[먹어]보실래요?

네이티브처럼
말해보기

A: **Would you like to** come for dinner? 저녁 먹으러 올래?

B: That sounds good. What will you cook? 좋지, 뭐 해줄 건데?

A: I'm going to go for lunch with Frank. **Would you like to**
join us? 프랭크하고 점심먹을 건데. 같이 갈래?

B: Sure. 좋아.

바로바로 CHECK!
Would you like to~ 다음에 다양한 동사를 넣어보자.

1. 온라인 게임 좀 할래? (play some on-line game)

2. 오늘 점심 먹을래? (have lunch)

3. 우리랑 함께 가서 영화볼래? (see a movie with)

1. Would you like to play some on-line games? 2. Would you like to have lunch today?
3. Would you like to go and see a movie with us?

Would you mind~ ? …해도 괜찮아요?

핵심문장
달달외우기

▶ 상대의 양해를 구하는 것으로 「…해도 괜찮겠어요?」라는 의미.

▶ 대답할 때 No하면 '그렇게 하라,' 그리고 Yes는 '하지 마라'는 뜻이 된다.

▶ 또한 Would you mind~?는 Do you mind~?라고 해도 된다.

Would you mind smoking here? 여기서 담배피우면 안될까요?

Would you mind giving me a hand? 나 좀 도와주면 안될까?

Would you mind not smoking here? 여기서 담배 펴도 돼요?

Do you mind picking me up tomorrow?
내일 날 데리러 와주면 안될까?

Do you mind explaining it to me?
나한테 설명을 좀 해주면 안될까?

네이티브처럼
말해보기

A: **Would you mind** giving me a hand? 좀 도와주면 안될까?

B: Sorry, but I'm really busy at the moment. 미안하지만 지금은 정말 바빠.

A: **Do you mind** picking me up tomorrow? 내일 나 좀 데리러 와주라.

B: It's no problem. I'll be there at 7 a.m. 문제없어. 아침 7시에 갈게.

바로바로 CHECK!
Would you mind~? 다음에 다양한 동사의 ~ing를 넣어보자.

1. 내 책 나르는 것 좀 도와줄래? (help me carry)

2. 왜 늦었는지 이유를 말씀해주시겠어요? (tell me why)

3. 날 좀 도와주지 않겠니? (do me a favor)

1. Would you mind helping me carry my books?　2. Would you mind telling me why you're late?
3. Would you mind doing me a favor?

Would you mind if~ ? …해도 괜찮겠어요?

핵심문장
달달외우기

▶ Would you mind 다음에 ~ing 대신 'if 주어+동사'가 온 경우로

▶ 의미는 동일하게 상대방에게 「…해도 괜찮냐?」고 양해를 구하는 표현이다.

▶ 역시 Do you mind if 주어+동사?라 해도 된다.

Would you mind if I use your car this weekend?
이번 주말에 네 자동차를 쓰면 안될까?

Do you mind if I don't go?   내가 안가면 안될까요?

Do you mind if I take a look around?
한번 둘러봐도 괜찮을까요?

Do you mind if I turn the heat down?
(난방기구의) 온도를 낮추면 안될까요?

Would[Do] you mind if I sit here for a second?
잠깐 여기 앉아도 괜찮을까요?

네이티브처럼
말해보기

A: **Do you mind if** I smoke? 담배 피우면 안될까?

B: Not at all. Please feel free to. 안되긴. 편안하게 피워.

A: Are you comfortable in this room, Miss Jocelyn?
조슬린 씨, 방은 편안하세요?

B: **Do you mind if** I turn the heat down? 방 온도를 낮추면 안될까요?

바로바로 CHECK!
Would you mind if~ 다음에 다양한 문장을 넣어보자.

1. 내일 네 차 좀 써도 될까? (use your car)

2. 질문 몇 개 좀 해도 돼? (ask you a few questions)

3. 나중에 네게 전화해도 괜찮겠어? (call you back)

1. Would you mind if I use your car tomorrow? 2. Would you mind if I ask you a few questions?
3. Would you mind if I call you back later?

I can~ 난 …을 할 수 있어

핵심문장
달달외우기

▸ can은 '능력,' '가능'을 나타내는 조동사로 「할 수 있다」는 의미이다.

▸ 또한 I can~은 「내가 상대방에게 …을 해주겠다」라는 뜻으로도 쓰인다.

▸ see나 hear 등이 오면 '가능'하다는 뜻으로 「보인다」, 「들린다」로 해석이 된다.

I can do it	난 할 수 있어
I can type this for you	이거 내가 타이핑해 줄게
I can drop you off when I leave	내가 갈 때 널 태워다 줄게
I can imagine	상상이 가네
I can see that	그거 보여, 알겠어
I can remember	기억하고 있어
I can handle it by myself	혼자(내힘으로) 처리할 수 있어

네이티브처럼
말해보기

A: Do you need help cleaning your kitchen? 부엌 치우는 것 도와줄까?

B: No, **I can** handle it by myself. 아니, 혼자 할 수 있어.

A: Look, there's the Statue of Liberty. 야, 자유의 여신상이다.

B: Oh, **I can** see it. 아, 나도 보여.

바로바로 CHECK!
I can~ 다음에 다양한 동사를 넣어보자.

1. 휴대폰으로 쿠폰을 다운로드 받을 수도 있는걸 (on my cell phone)

2. 도와드릴 수 있는데요 (give you a hand)

3. 좋으시다면 제가 거기로 가서 뵐 수 있어요 (if you want)

1. I can download coupons on my cell phone 2. I can give you a hand 3. I can meet you
there if you want

I can't~ 난 …할 수 없어

핵심문장
달달외우기

▶ 'I can+동사'의 부정형태인 'I can't+동사'의 패턴으로
▶ 내가 뭔가를 할 수 없음을 말할 때 사용한다.
▶ 발음구분이 힘든데 can은 약하게 [큰], can't은 [캐앤]이라고 발음하면 된다.

I can't believe it	믿을 수가 없어
I can't hear you very well	네 목소리가 잘 안들려
I can't stop thinking about you	네 생각이 떠나질 않아
I can't watch a movie without popcorn 난 팝콘 없는 영화 못봐	
I can't do this anymore	더 이상은 이렇게 못해
I can't find my passport	내 여권이 안보여
I can't explain it	설명하지 못하겠어

네이티브처럼
말해보기

A: **I can't** watch a movie without popcorn. 난 팝콘 없는 영화를 못봐.
B: **Don't be so picky.** 너무 까다롭게 굴지 마.

A: **I can't** do this anymore. It makes me crazy. 더 이상은 못해. 미치겠다구.
B: **You should take a break.** 잠깐 쉬어.

바로바로 CHECK!
I can't~ 다음에 다양한 동사를 넣어보자.

1. 난 영어를 잘 말하지 못해 (speak English)

2. 이걸 살만한 여유가 없어요 (afford to)

3. 이번 주에 보너스 받는 게 너무 기다려져요 (can't wait to)

1. I can't speak English very well 2. I can't afford to buy it 3. I can't wait to get my bonus this week!

You can~ 년 …을 할 수 있어, 년 …해도 돼

핵심문장
달달외우기

▸ 이번엔 반대로 주어가 'I'가 아니라 '너You'로 바뀐 패턴으로

▸ 「넌 …을 할 수 있어」라며 상대방의 기운을 북돋아주고 싶을 때, 「해도 된다」라고 상대방에게 허가를 할 때, 혹은 「…을 해라」라는 소프트한 명령문으로도 쓰인다.

You can run faster than me	넌 나보다 빨리 달리잖아
You can go	그만 가봐
You can come in	들어와
You can call me Bill	빌이라고 불러
You can board the plane now	이제 승선해주십시오
You can call me any time	언제든 내게 전화해

네이티브처럼
말해보기

A: Do you need me to stay longer? 내가 좀더 있어야 하나요?

B: No, we're all finished. **You can** go.
아뇨, 우리 일은 다 끝났어요. 가도 좋아요.

A: **You can** board the plane now. 이제 비행기에 탑승해 주십시오.

B: Good. I was getting tired of waiting.
잘됐군요. 기다리는 데 지쳐가는 중이었어요.

바로바로 CHECK!
You can~ 다음에 다양한 동사를 넣어보자.

1. 넌 뭐든 할 수 있어 (do anything)

2. 내말이 그말이에요 (say that again)

3. 뭐든 물어 봐 (anything you want to)

1. You can do anything 2. You can say that again 3. You can ask me anything you want to

You can't~ ···하면 안돼

핵심문장
달달외우기

▶ You can~이 허가인 반면 You can't~은 반대로 금지의 표현이 된다.

▶ You can't 하면 따라서 「넌 ···하면 안돼」라는 의미이다.

▶ You can't miss it은 길을 가르쳐 줄 때 쉽게 찾을 거라는 의미.

You can't **change your parents**	부모를 바꿀 수는 없잖아
You can't **smoke in here**	이 안에서는 담배 피우면 안돼
You can't **miss it**	쉽게 찾으실 수 있을거예요
You can't **talk to her**	걔한테 말하면 안돼
You can't **give up**	포기하지 마

네이티브처럼
말해보기

A: We're letting you go from this job. 자네를 해고해야겠어.

B: **You can't** do this to me. I'm a good employee.
저한테 이러실 수는 없어요. 전 성실한 직원이라구요.

A: Turn left and go straight for 2 blocks. **You can't** miss it.
왼쪽으로 돌아서 두 블럭 곧장 가세요. 쉽게 찾으실거예요.

B: Thank you so much. 정말 고맙습니다.

바로바로 CHECK!
You can't~ 다음에 다양한 동사를 넣어보자.

1. 너 나한테 이럴 수는 없어 (do this to)

2. 이거 누구한테도 말하면 안돼 (tell anyone about)

3. 겉만 보고 판단하면 안돼 (by its cover)

1. You can't do this to me 2. You can't tell anyone about this 3. You can't judge a book by its cover

085 Can I~? …해줄까?, …해도 될까?

 ▸ Can을 이용해서 다양한 의문문 패턴을 만들어보자.

핵심문장 ▸ 먼저 Can I+동사」는 (내가) …해줄까」하고 제안하거나
달달외우기 ▸ 혹은 「(내가) …해도 괜찮을까?」라고 미리 상대방의 허가를 구할 때 사용한다.

Can I get you something?
내가 너한테 뭐 좀 갖다줄까?, 뭘 드릴까요?

Can I pay by credit card? 신용카드로 계산해도 돼요?

Can I try this on? 이거 입어봐도 돼요?

Can I give you a ride? 태워다줄까?

Can I talk to you for a second? 잠깐 얘기 좀 할 수 있을까?

Can I borrow your cell phone? 핸드폰 좀 빌려줄래?

Can I ask you a question? 뭐 하나 물어봐도 될까?

네이티브처럼
말해보기

A: **Can I get you something?** 뭐 좀 갖다드릴까요?
B: I'd like to look at one of your menus. 메뉴 좀 보고요.

A: **Can I talk to you for a second?** 잠깐 얘기 좀 할 수 있을까?
B: OK. What's on your mind? 그럼. 무슨 얘긴데?

 바로바로 CHECK!
Can I~ ? 다음에 다양한 동사를 넣어보자.

1. 여기서 담배펴도 돼? (in here)

2. 내가 뭐 도와줄까요? (help you with)

3. 이제 제 사무실로 돌아가도 되나요? (go back to)

1. Can I smoke in here? 2. Can I help you with something? 3. Can I go back to my office now?

Can I have ~? …을 줄래요?

핵심문장
달달외우기

▸ Can I+동사원형?의 대표적인 표현 중의 하나.

▸ Can I have+명사?의 형태로 「…을 달라」고 상대방에게 부탁하는 표현이다.

▸ 좀 정중하게 보이려면 끝에 please를 붙이면 된다.

Can I have your phone number?	전화번호 좀 알려줄래?
Can I have a refund for this?	이거 환불해 주시겠어요?
Can I have a subway map?	지하철 노선표 좀 보여 줄래요?
Can I have a bill, please?	계산서 좀 갖다 주시겠어요?
Can I have a tissue?	휴지 좀 줄래?

네이티브처럼
말해보기

A: **Can I get** a refund for this? 이거 환불해 주시겠어요?

B: Sure. Do you have a receipt? 네, 영수증 있으세요?

A: Why are you crying? 왜 울고 있는 거야?

B: Oh, it's nothing. **Can I have** a tissue? 응, 아무것도 아냐. 휴지 좀 줄래?

바로바로 CHECK!
Can I have~? 다음에 다양한 명사를 넣어보자.

1. 잠깐 얘기 좀 할까? 급한 거야 (have a word with)

2. 이름이 뭐예요? (have your name)

3. 영수증을 받을 수 있을까요? (have a receipt)

1. Can I have a word with you? It's urgent 2. Can I have your name? 3. Can I have a receipt, please?

087 왕초보달콤패턴

Can you~ ? …해줄래?

핵심문장
달달외우기

▶ 주어를 바꿔 Can you~? 형태를 쓰면 상대방에게 「…을 해달라」는 것으로

▶ 상대방에게 부탁할 때 혹은 뭔가 제안하면서 상대 의향을 물어볼 때 쓴다.

▶ 좀 더 정중하려면 끝에 please를 붙이거나 Could(Would) you ~?라 한다.

Can you get me some water, please?
물 좀 갖다줄래요?

Can you pass me the TV guide?   TV가이드 좀 건네줄래?

Can you come to my party on Friday?
금요일에 내가 여는 파티에 와줄래?

Can you join us?   우리랑 같이 할래?

Can you meet me on Sunday?   일요일에 만날래?

네이티브처럼
말해보기

A: Would you like something to drink? 뭐 좀 드시겠어요?

B: **Can you** get me some water, please? 물 좀 갖다주실래요?

A: What's on TV tonight? 오늘 밤 TV에서 뭐해?

B: I don't know. **Can you** pass me the TV guide?
몰라. TV 가이드 좀 건네줄래?

바로바로 CHECK!
Can you ~? 다음에 다양한 동사를 넣어보자.

1. 에어컨 고칠 수 있어? (fix the air conditioner)

2. 오늘 만나서 점심 먹을래? (for lunch)

3. 할인해 주실 수는 없나요? (give me any discount)

1. Can you fix the air conditioner?   2. Can you meet for lunch today?   3. Can you give me any discount?

May I ~? …해도 될까요?

핵심문장
달달외우기

▶ 상대방의 허가를 구한다는 점에서 Can I~?와 같은 의미이나
▶ 보통 손윗사람·낯선 사람에게 예의를 차려야 할 때 사용하는 패턴이다.
▶ Can I have~?(…를 줄래요?)보다 정중하게 할 땐 May I have~?를 쓴다.

May I help you?	도와드릴까요?
May I come in?	들어가도 되겠습니까?
May I ask you a question?	한가지 여쭤봐도 될까요?
May I have your name again?	성함을 다시 말씀해 주시겠어요?
May I have your attention, please? 주목해 주시겠습니까? (연설 시작 전에)	
May I see your boarding pass?	탑승권을 보여 주시겠습니까?

네이티브처럼
말해보기

A: **May I** ask you a question? 질문 하나 해도 될까요?
B: Sure. What would you like to ask me? 그럼요. 뭘 물어보고 싶은데요?

A: Hello. I would like to speak to the head of your department.
여보세요. 당신 부서 책임자와 통화하고 싶은데요.
B: **May I** ask who is calling? 누구신지요?

바로바로 CHECK!
May I ~? 다음에 다양한 동사를 넣어보자.

1. 그분한테 메모를 좀 남겨주시겠습니까? (leave a message)

2. (전화) 누구십니까? (ask who's calling)

3. 메뉴판 좀 보여주시겠어요? (a menu)

1. May I leave a message for him? 2. May I ask who is calling? 3. May I see a menu, please?

She may~ ···일 수도 있어

핵심문장
달달외우기

▶ 평서문에서 may는 「···일지도 몰라」라고 자신없는 추측을 할 때 사용된다.

▶ 주로 may be~ 형태로 많이 쓰이는 경우가 많다.

▶ might (be) 또한 추측을 나타내는 조동사로 애용된다.

She may be right	걔가[걔 말이] 맞을 지도 몰라
It may rain tomorrow	내일은 비가 올지도 모르겠어
It may be in your bag	그건 네 가방 안에 있을지도 몰라
I may have to move to Paris for my job	
일 때문에 파리로 이사가야 할지도 몰라	
He may come here first	걔가 여기 제일 먼저 올지도 몰라

네이티브처럼
말해보기

A: Have you seen my car keys? 내 자동차 열쇠 못봤어?

B: No. **They may** be in your bag. 아니. 네 가방 속에 있을지도 몰라.

A: Susan said that I should take the job offer.
수전 말로는 내가 이 일자리 제의를 받아 들여야 한대.

B: **She may** be right. 걔 말이 맞을지도 몰라.

바로바로 CHECK!
주어+may~ 다음에 다양한 동사를 넣어보자.

1. 걔네들이 널 도울 수 있을거야 (be able to)

2. 그래도 해봄직 할거야 (be worth a try)

3. 침실에 있을지도 모르잖아 (in the bedroom)

1. They may be able to help you 2. It may be worth a try 3. They may be in the bedroom

왕초보탈출패턴

090

I will~ ···할거야

**핵심문장
달달외우기**

▶ be going to처럼 미래를 나타내는 조동사로

▶ I will+동사하게 되면 내가 앞으로 그렇게 하겠다는 의지를 표현한다.

▶ I will~은 곧잘 I'll으로 축약되어 쓰인다.

I'll call you later	내가 나중에 전화할게
I'll take this one	이걸로 할게요(물건을 살 때)
I'll have the soup	전 스프를 먹을게요(음식을 주문할 때)
I'll do my best	최선을 다할게요
I'll show you around the city	이 도시 관광을 시켜드릴게요
I'll see you at 4 (o'clock)	그럼 4시에 보자구

**네이티브처럼
말해보기**

A: I want you to study very hard in school.
네가 학교에서 아주 열심히 공부했으면 해.

B: OK. **I'll** do my best. 알겠어요. 최선을 다할게요.

A: Let's go out. **I'll** show you around the city. 나가자. 시내 구경시켜줄게.

B: That sounds like fun. 재미있겠는걸.

바로바로 CHECK!
I'll~ 다음에 다양한 동사를 넣어보자.

1. 난 월급이 많은 직장을 얻게 될 거야 (a job with)

2. 나중에 전화할게 (some other time)

3. 몇 시간 동안 회의할거야 (for several hours)

1. I will get a job with a high salary 2. I will call you some other time
3. I will be in a meeting for several hours

Chapter 03_조동사 **107**

091 You will~ 너 …하게 될거야

핵심문장
달달외우기

▸ I will~의 경우와는 달리 인칭을 달리하여 You will~하게 되면
▸ 주어의 의지는 없이 「너 …하게 될 걸」이라고 미래일을 예측하는 표현이다.
▸ 마찬가지로 You will~은 You'll~로 축약되어 쓰인다.

You'll be surprised	너 놀랄걸
You'll see	두고봐[알게 될거야]
You'll be fine	괜찮아질거야
You'll have to pay for them by Jan. 11th	
1월 11일까지 지불해야 할걸	
You'll be in trouble if it rains	비가 오면 난처해질텐데

네이티브처럼
말해보기

A: We can finish before the deadline. **You'll see.**
마감 전에 끝낼 수 있을 거야. 두고 보라구.

B: I hope so. 나도 그러길 바래.

A: We decided to hold the festival outside. 축제는 야외에서 열기로 했어.

B: **You'll** be in trouble if it rains. 비가 내리면 곤란해질텐데.

바로바로 CHECK!
You will~ 다음에 다양한 동사를 넣어보자.

1. 멋진 시간 보낼 거야 (have a great time)

2. 좀 기다리셔야 돼요 (wait a while)

3. 곧 익숙해 질거야 (get used to)

1. You'll have a great time 2. You'll have to wait a while 3. You'll get used to it

I won't~ …하지 않을게

핵심문장
달달외우기

▶ I will~의 부정형태인 I will not~을 축약하게 되면 I won't~가 된다.

▶ won't의 발음은 [wount]로 want와 헷갈리지 않도록 주의해야 한다.

▶ 물론 I will(I'll) not~ 혹은 강조해서 I will never~라고 써도 된다.

I won't tell anyone	아무에게도 말하지 않을게
I won't let it happen again	다시는 그런 일 없도록 할게
You'll never believe it	이 얘기 못믿을 거야
It won't be easy	쉽지 않을 거야
She[He] won't want to go with me	
걘 나랑 같이 가고 싶어하지 않을 거야	

네이티브처럼
말해보기

A: Please keep my illness a secret. 내 병은 비밀로 해줘.

B: I promise I will. **I won't** tell anyone. 약속해. 아무에게도 말하지 않을게.

A: Do you think I can buy a house? 내가 집을 살 수 있을 거라고 생각해?

B: **It won't** be easy. You don't have much money.
쉽진 않을 거야. 돈이 별로 없잖아.

바로바로 CHECK!
I won't~ 다음에 다양한 동사를 넣어보자.

1. 걘 내게 말을 하려 하지 않아 (talk to)

2. 아무 말도 안할게 (say a word)

3. 금요일에는 집에 없어 (be at home)

1. He won't talk to me 2. I won't say a word 3. I won't be at home on Friday

Will you~? …해줄래?

핵심문장
달달외우기

▶ Will you~?로 시작하면 보통 「…해줄래요?」라는 부탁의 의미로

▶ 좀 더 예의바르게 하려면 앞서 나왔던 Would(Could) you~?를 사용한다.

▶ Will you be quiet?(조용히 좀 해줄래)처럼 강한 요청의 문장으로도 쓰인다.

Will you marry me?   나하고 결혼해줄래?

Will you help me?   나 좀 도와줄래?

Will you dance with me?   나랑 춤출래?

Will you pay for this by cash or by check?

현금으로 지불하시겠습니까, 수표로 하시겠습니까?

Will you go with me?   나랑 같이 갈래?

네이티브처럼
말해보기

A: Can I have the bill for this? 청구서를 주시겠어요?

B: **Will you** pay for this by cash or by check?
현금으로 계산하시겠습니까, 수표로 하시겠습니까?

A: I heard that you have to meet our manager.
저희 관리책임자를 만나야겠다고 하셨다면서요.

B: That's true. **Will you** go with me? 맞아요. 같이 가주실래요?

바로바로 CHECK!
Will you ~? 다음에 다양한 동사를 넣어보자.

1. 전화 좀 받아 줄래? (answer the phone)

2. 내 사과를 받아줄래요? (accept my apology)

3. 오늘밤 내 파티에 올래? (come to my party)

1. Will you please answer the phone? 2. Will you accept my apology?
3. Will you be coming to my party tonight?

Shall we~? …할까요?, …하자

핵심문장
달달외우기

▶ Shall we~?의 문형은 상대방에게 적극적으로 제안하는 것으로
▶ 「우리 …할까요?」, 「우리 …합시다」라는 의미로 Let's~ 와 같은 의미.
▶ Shall we?라고만 해도 「이제 시작할까요?」라는 문장이 된다.

Shall we?	이제 할까요?
Shall we go to the movies after work?	
퇴근 후에 영화보러 갈래요?	
Shall we go for a walk?	좀 걸을까요?
Shall we go out for lunch?	점심먹으러 나갈까요?
Shall we eat something?	뭐 좀 먹을까요?

네이티브처럼
말해보기

A: Would you like to go out tonight? 오늘 밤에 데이트할래?

B: Sure. **Shall we** go to the movies after work?
좋아. 퇴근 후에 영화보러 갈까?

A: I'm bored. **Shall we** go for a walk? 따분해. 우리 산책할까?

B: Yes. It will be good exercise. 그래. 운동이 좀 되겠지.

바로바로 CHECK!
Shall we~? 다음에 다양한 동사를 넣어보자.

1. 목요일 5시 이후에 만날래요? (get together)

2. 지금 잠시 좀 쉴까? (take a break)

3. 함께 휴가갈까? (go on vacation)

1. Shall we get together on Thursday after five? 2. Shall we take a break now?
3. Shall we go on vacation together?

Shall I~ ? 내가 …해드릴까요?

핵심문장
달달외우기

▸ Shall I~? 역시 적극적인 제안의 문장이지만
▸ Shall we~?와 달리 함께가 아니고 「내가 …해드릴까요?」라고 하는 것으로
▸ Let me+동사와 같은 의미의 패턴이다.

Shall I give you a hand?	제가 도와드릴까요?
Shall I get you a cold drink?	찬 음료를 갖다드릴까요?
Shall I take you to your place?	집까지 바래다 드릴까요?
Shall I call a taxi for you?	택시를 불러줄까요?

네이티브처럼
말해보기

A: Wow, it's really late right now. 어휴, 이제 정말 늦었네요.
B: **Shall I** take you to your place? 집까지 바래다줄까요?
A: It's hot today. **Shall I** get you a cold drink?
오늘은 덥군요. 찬 음료를 갖다줄까요?
B: Yes, I'd really like that. 응, 정말 마시고 싶네요.

바로바로 CHECK!
Shall I ~? 다음에 다양한 동사를 넣어보자.

1. 네가 화장실에 가있을 동안 식사를 주문할까? (in the washroom)

2. 계속 할까요? (go on)

3. 민트차 좀 갖다줄까요? (some mint tea)

1. Shall I order your food while you're in the washroom? 2. Shall I go on? 3. Shall I get you some mint tea?

096

You should~ …해야지

핵심문장
달달외우기

▸ 「해야 한다」라는 의미지만 must보다 강제성이 덜하다.
▸ You should~(…해야지) 형태로 상대에게 충고·조언을 할 때 사용한다.
▸ 또한 「…하면 안되지」라고 하려면 'You shouldn't~라 하면 된다.

You should **do that**	당연히 그렇게 해야지
You should **rest**	너 좀 쉬어야겠다
You should **talk to her**	걔하고 얘길 해봐
You should **ask her out**	걔한테 데이트 신청을 해봐
You shouldn't **lie anymore**	더이상 거짓말 하면 안돼
You should **help her[him]**	걜 도와줘야지

네이티브처럼
말해보기

A: I think that girl is very cute. 저 여자애 되게 귀여운 것 같아.
B: **You should** ask her out. She'll probably say yes.
데이트 신청을 하라구. 아마 좋다고 할거야.

A: **You should** know something about her.
그 여자에 대해서 좀 알아야 할 게 있어.

B: What are you talking about? 그게 무슨 소리야?

바로바로 CHECK!
You should~ 다음에 다양한 동사를 넣어보자.

1. 집에 가서 좀 쉬어 (get some rest)

2. 넌 포기하면 안돼 (give up)

3. 성공하려면 항상 최선을 다해야 돼 (do your best)

1. You should go home and get some rest 2. You shouldn't give up
3. You should always do your best to succeed

Chapter 03_조동사 113

Should I~ ? 내가 …해야 돼?

핵심문장
달달외우기

▶ Should I+동사?'은 「내가 …을 해야 하는지」 물어보는 것으로
▶ 상대방에게 조언을 구할 때 사용하는 패턴이다.
▶ 뒤에 나오는 Do I have to~?와 같은 의미.

Should I go there alone? 거기 혼자 가야 하나?

Should I take a taxi? 택시를 타야 하나?

Should I call him back? 걔한테 다시 전화해줘야 하나?

Should I take the northern route?
북쪽 도로를 타야 하나요?

Should I stop seeing Carla? 칼라를 그만 만나야 하나?

네이티브처럼
말해보기

A: I want to go downtown. **Should I** take a taxi?
시내로 가고 싶어. 택시를 타야 하나?

B: No. It's easier to use the subway. 아니. 전철을 타는 게 더 쉬워.

A: A new bar opened in your neighborhood. 네 동네에 바가 새로 생겼어.

B: I'd like to go there. **Should I** go there alone? 나 가고 싶어. 혼자 가야 하나?

바로바로 CHECK!
Should I ~? 다음에 다양한 동사를 넣어보자.

1. 내가 알고 있다고 걔한테 말해야 되나? (tell him that~)

2. 휴가 동안에 베이징을 방문해야 할까? (travel to)

3. 새로운 옷을 좀 사야할까? (new clothes)

1. Should I tell him that I know? 2. Should I travel to Beijng during my vacation?
3. Should I buy some new clothes?

I have to~ …해야 해

핵심문장
달달외우기

▸ have to는 정식 조동사는 아니지만 앞의 should와 비교하여 함께 알아둔다.
▸ have to은 「나 …해야 돼」는 의미로 가볍게 말할 때 널리 쓰이며
▸ 구어체에서는 'have got to+V,' 혹은 'got to+V'로 쓰이기도 한다.

I have to go now	나 이제 가봐야 해
I have to study for my exams	시험공부 해야 돼
I have to work late tonight	오늘 밤에 늦게까지 일해야 돼
I have to go to China on business	
일 때문에 중국에 가야 해	
I have to tell you	너한테 말해야겠어
I have to think about it	생각해봐야겠어

네이티브처럼
말해보기

A: **I have to** go now. See you later. 이제 가봐야겠어요. 나중에 봐요.
B: Thanks for visiting our house. 저희 집에 와주셔서 감사합니다.
A: I'm having a party tonight. Can you come? 오늘 밤 파티 할건데. 올래?
B: I'm sorry, I can't. **I have to** study for my exams.
미안하지만 못가. 시험공부 해야 해.

바로바로 CHECK!
I have to~ 다음에 다양한 동사를 넣어보자.

1. 밤에 일을 해야 돼 (do my job)

2. 회의가 있어서 지금 당장 가봐야겠는데(leave right away for)

3. 다음 주에 연설해야 돼(make a speech)

1. I have to do my job at night 2. I have to leave right away for the meeting
3. I have to make a speech next week

099

We have to~ 우린 …해야 돼

핵심문장
달달외우기

▶ 주어를 바꿔서 We, He, She 등의 뒤에 have to+동사를 넣어본다.

▶ 역시 주어가 …을 해야 돼라는 의미이며

▶ He, 혹은 She일 경우에는 has to로 써야 된다는 점을 알아둔다.

We have to **help her**	우린 걔를 도와줘야 해
We have to **do this**	우린 이 일을 해야 돼
We have to **get started**	우리 이제 시작해야 돼
She has to **try harder**	걔 좀더 열심히 노력해야 돼
She[He] has to **know how I feel**	

걘 내가 어떤 기분인지 알아야 돼

네이티브처럼
말해보기

A: Are you ready? **We have to** get started. 준비됐어? 이제 시작해야 돼.

B: Just give me a few more minutes. 몇분만 더 시간을 줘.

A: Honestly, **your son has to** try harder.
솔직히 말씀드려서 아드님은 좀더 열심히 해야 해요.

B: What should I do as a parent? 부모로서 제가 어떻게 해야 하나요?

바로바로 CHECK!
We[He, She] have[has] to~ 다음에 다양한 동사를 넣어보자.

1. 무엇을 해야 할 지 결정해야 돼 (decide what to do)

2. 얘기 좀 하자 (have to)

3. 이 프로젝트를 서둘러 끝내야 돼 (complete this project)

1. We have to decide what to do 2. We have to talk 3. We have to hurry to complete this project

116 맨처음 패턴영어

Do I have to~ ? 내가 …해야 돼?

핵심문장
달달외우기

▶ 앞서 배운 'I have to+동사원형'을 의문문으로 만들어 보는 패턴으로
▶ 조동사를 앞으로 빼서 'Do I have to+동사원형?'의 형태를 만들면 된다.
▶ 앞 내용을 언급않고 Do I have to?만으로 「꼭 해야 돼?」라 물어볼 수 있다.

Do I have to keep it?　　　　　　내가 그걸 갖고 있어야 하는 거야?

Do I have to tell him right now?　지금 당장 걔한테 얘기해야 돼?

Do I have to sign anything?　　　뭔가에 서명이라도 해야 하나요?

Do I have to go?　　　　　　　　나 가야 하는거야?

네이티브처럼
말해보기

A: Your grandmother gave you this shirt.
할머니가 너한테 이 셔츠를 사주셨어.

B: **Do I have to** keep it? I don't like the color.
이거 꼭 가져야해요? 색이 맘에 들지 않는데요.

A: Tell John that he's been fired. 존에게 해고됐다고 말해.

B: **Do I have to** tell him right now? 지금 말해야 하나요?

바로바로 CHECK!
Do I have to ~? 다음에 다양한 동사를 넣어보자.

1. 다시 분명히 설명해야 돼? (spell it out)

2. 더 여기에 있어야 합니까? (stay here)

3. 잔디를 깎아야 돼요? (mow the lawn)

1. Do I have to spell it out for you?　2. Do I have to stay here any longer?
3. Do I have to mow the lawn?

You have to~ 너 …해야지

핵심문장
달달외우기

▶ 이번엔 주어를 너∪로 하여 'You have to+동사원형'의 형태로

▶ 「너 …해야지」, 「…해야하지 않겠니」라는 의미이다.

▶ 상대방에게 뭔가 충고하거나 일깨워주는 문장이다.

You have to do something 너 뭔가 해야지

You have to go 너 이제 가봐야지

You have to stop smoking 담배를 끊어야 해

You have to study a foreign language
외국어를 공부해야 해

You have to know a lot of things about life
넌 인생에 대해서 많은 것들을 알아야만 해

네이티브처럼
말해보기

A: The water heater in my apartment is broken.
우리집 온수기가 고장났어.

B: **You have to** do something. It needs to be fixed.
어떻게 좀 해봐. 고쳐야 하잖아.

A: **You have to** stop smoking. 넌 담배를 끊어야 돼.

B: I know, but it's very difficult. 알아. 하지만 그게 굉장히 힘드네.

바로바로 CHECK!
You have to~ 다음에 다양한 동사를 넣어보자.

1. 공부 더 열심히 해야지 (study harder)

2. 넌 적응해야지 (get used to)

3. 너 내게 솔직히 말해 (be honest with)

1. You have to study harder 2. You have to get used to it 3. You have to be honest with me

118 맨처음 패턴영어

You don't have to~ …하지 않아도 돼

핵심문장
달달외우기

▸ You don't have to+동사는 「…하지는 않아도 돼」라는 의미로
▸ 상대방에게 충고하거나 혹은 「…할 것까진 없잖아」라고 항의할 때 쓰인다.
▸ You don't need to+동사와 비슷한 의미이다.

You don't have to do it 그렇게 할 필요는 없어

You don't have to walk me home
집까지 바래다줄 것까진 없는데

You don't have to give me an answer right now
지금 당장 대답해야만 하는 건 아냐

You don't have to say you're sorry
미안하다고 말할 필요는 없어

네이티브처럼
말해보기

A: I'll go with you to your house. 너희 집까지 같이 가줄게.

B: **You don't have to** walk me home. I'll be okay.
집까지 바래다줄 것까진 없어. 괜찮아.

A: Thank you for the job offer. 일자리 제의를 주셔서 감사해요.

B: Consider it. **You don't have to** give me an answer right now.
생각해봐요. 당장 대답해야 하는 건 아니니까요.

바로바로 CHECK!
You don't have to~ 다음에 다양한 동사를 넣어보자.

1. 설명할 필요없어 (explain)

2. 네가 이 일을 도와주지 않아도 돼 (help me with)

3. 걱정할 필요가 없어 (worry)

1. You don't have to explain 2. You don't have to help me with this work 3. You don't have to worry

팅팅 왕초보탈출패턴

103

Do you have to~ ? 너 …를 해야 돼?

핵심문장
달달외우기

▸ You have to~를 의문문 형태로 바꾼 패턴.
▸ Do you have to+동사?하게 되면 상대방이 저한 상황을 물어보는 것으로 「너 꼭 …을 해야 해?」라는 의미이다.

Do you have to work tonight? 오늘 밤에 일해야 해?

Do you have to attend the meeting?
그 회의에 참석해야 해?

Do you have to do anything special at work?
뭐 특별히 해야 할 업무라도 있어?

네이티브처럼
말해보기

A: **Do you have to work tonight?** 오늘 밤에 일해야 해?

B: **Yes, I'm sorry I can't go out to dinner with you.**
응, 같이 저녁 먹으러 못가서 미안해.

A: **Do you have to do anything special at work?**
회사에서 뭐 특별히 해야 할 일이라도 있어?

B: **No, nothing special right now.** 아니, 지금은 없어.

바로바로 CHECK!
Do you have to ~? 다음에 다양한 동사를 넣어보자.

1. 뭐 다른 걸 사야 돼? (buy anything else)

2. 이제 가야 돼? (go now)

3. 중요한 일을 해야 되는 거야? (work on)

1. Do you have to buy anything else? 2. Do you have to go now?
3. Do you have to work on an important project?

Chapter 04

Have & Get

왕초보탈출패턴 104-124

I have~ ···을 갖고 있어, ···가 있어

핵심문장
달달외우기

▶ I have~는 다양한 용법이 있기 때문에 세분하여 알아보기로 한다.

▶ 먼저 I have 다음에 물건, 사람, 돈 등 형체가 있는 명사가 오는 경우로

▶ 「···를 가지고 있다」, 「···가 있다」라는 의미로 쓰인다.

I have a car	나 차를 갖고 있어
I have a ticket	나한테 티켓이 한 장 있어
I have a pet	애완동물을 길러
I have friends	내겐 친구들이 있지
I have 20,000 won(twenty-thousand won) 나 2만원 있어	

네이티브처럼
말해보기

A: How will you get to the airport? 공항까지 어떻게 갈 거야?

B: **I have** a car. I can drive there. 차가 있어. 거기까지 운전해서 가야지.

A: How about a movie? **I have** an extra ticket.
영화보는 거 어때? 남는 표가 한 장 있는데.

B: Sure, that would be fun. 좋지, 재미있겠다.

바로바로 CHECK!
I have~ 다음에 다양한 형체가 있는 명사를 넣어보자.

1. 나 핸드폰 있어 (a cell phone)

2. 푸들 한마리를 키우는데 이름은 미키야 (a poodle)

3. 나한테 오늘밤 경기 입장권이 네 장 있어 (tickets to)

1. I have a cell phone 2. I have a poodle. His name is Micky 3. I have four tickets to tonight's game

I have+비형체명사 …가 있어

핵심문장
달달외우기

▶ I have 다음에 생각, 개념, 문제 등 형체가 없는 명사들이 오는 경우로
▶ I have a problem(문제가 있어)로 대표된다.
▶ 역시 의미는 (내게) …가 있어라는 의미이다.

I have a problem	문제가 있어
I have a good idea	나한테 좋은 생각이 있어
I have a date tonight	오늘 저녁에 데이트가 있어
I have a job interview next week	다음 주에 면접이 있어
I have a plan	나한테 계획이 있어

네이티브처럼
말해보기

A: **What are your plans for tonight?** 오늘밤 뭐해?
B: **I have** a date. We're going out for dinner.
데이트가 있어. 나가서 저녁먹을 거야.

A: **I have** a job interview next week. 다음 주에 면접이 있어.
B: **What company are you interviewing with?** 면접볼 회사가 어딘데?

바로바로 CHECK!
I have~ 다음에 다양한 형체가 없는 명사를 넣어보자.

1. 다른 약속이 있어서요 (another appointment)

2. 안 좋은 소식이 있어 (bad news)

3. 내가 3시에 회의가 있어 (have a meeting)

1. I have another appointment 2. I have some bad news 3. I have a meeting at three

I have+질병 …가 있어, …가 아파

핵심문장
달달외우기

▶ 다양한 목적어를 받는 have의 특성중 하나로
▶ I have+질병명이 오면 「…가 있어」, 즉 「…가 아파」라는 의미가 된다.
▶ 허리아파는 I have a backache, 앨러지가 있어는 I have allergies가 된다.

I have a headache	나 두통이 있어, 머리 아파
I have a cold	나 감기걸렸어
I have a fever	열이 있어
I have a sore throat	목이 따끔따끔해
I have a toothache	이가 아파[치통이 있어]

네이티브처럼
말해보기

A: Can you help me? **I have** a cold. 나 좀 도와줄래? 감기에 걸렸어.

B: Sure. I've got some medicine. 그럼. 내가 약을 좀 갖고 있어.

A: You look kind of sick today. 너 오늘 좀 아파보이는구나.

B: I feel terrible. **I have** a sore throat. 아주 안좋아. 목이 따끔거려.

바로바로 CHECK!
I have~ 다음에 다양한 질병명사를 넣어보자.

1. **독감이 걸렸어** (a flu)

2. **배가 아파** (a stomachache)

3. **목이 아파요** (in my neck)

1. I have a flu 2. I have a stomachache 3. I have a pain in my neck

107 왕초보달출패턴

I have~ …을 먹다

핵심문장
달달외우기

▶ 이번에 I have 다음에 음식을 나타내는 명사가 오는 경우로

▶ 의미는 「…을 먹다」라는 뜻이 된다.

▶ 먹었다는 I had~, 그리고 …을 먹겠다고 할 때는 I'll have~가 된다.

I usually have lunch at noon	난 보통 정오에 점심을 먹어
I had steak for dinner	난 저녁으로 스테이크 먹었어
I'll have a beer	난 맥주 마실래요. (음식주문시)
I had dinner with her yesterday	나 어제 걔하고 저녁 먹었어

네이티브처럼
말해보기

A: Did you eat yet? 밥 먹었어?
B: Yes I did. **I had** steak for dinner. 응. 저녁으로 스테이크 먹었어.
A: What would you like to order? 무엇을 주문하시겠습니까?
B: **I'll have** a beer. 맥주로 할래요.

바로바로 CHECK!
I have~ 다음에 다양한 음식명사를 넣어보자.

1. 햄샌드위치하고 우유 좀 먹을래요 (a ham sandwich and some milk)

2. 오늘 점심 먹을래? (have lunch)

3. 가끔 술 좀 마시러 이 바에 와 (come to this bar)

1. I'll have a ham sandwich and some milk 2. Would you like to have lunch today?
3. I come to this bar to have a few drinks sometimes

Chapter 04_Have & Get **125**

I have no~ …가 없어

핵심문장
달달외우기

▸ I have~의 부정형태는 일반적으로 I don't have~가 있지만
▸ I have no+명사로 간단히 사용해
▸ 「나 …가 없어」라고 말해도 된다.

I have no idea	몰라
I have no choice	선택의 여지가 없어
I have no friends	친구가 없어
I have nothing to say	할 말이 없구나[얘기 안할래]
I have no cousins	난 사촌이 없는데

네이티브처럼
말해보기

A: So, you can't come? But you promised.
그래서, 못온다는 거야? 약속했잖아.

B: I'm so sorry, but **I have no** choice. 정말 미안해. 방법이 없어.

A: You can tell me her secret, right? 걔 비밀 나한테 말해줄 수 있지, 그렇지?

B: No. **I have nothing** to say about that.
몰라. 거기에 대해선 아무 할 말이 없어.

바로바로 CHECK!
I have no~ 다음에 다양한 명사를 넣어보자.

1. 널 만날 시간이 없어 (see you)

2. 할 말이 없어 (excuse)

3. 난 괜찮아 (with that)

1. I have no time to see you 2. I have no excuse 3. I have no problem with that

I have ~pp …을 …했어

핵심문장
달달외우기

▸ 제 3자에 의해 나에 관련된 일이 행해진 경우를 말하며

▸ 내가 시켰건 본의 아니게 당했건 제 3자가 명사를 과거분사했다는 말.

▸ 뒤에 나오는 I got+명사+pp와 같은 의미이다.

I had my hair **cut**	나는 (남을 시켜서) 머리를 잘랐다
I had my car **fixed**	내 차를 고쳤어
I had the room **cleaned**	그 방을 청소시켰어
I had my watch **stolen**	시계를 도둑맞았어

네이티브처럼
말해보기

A: **I had** my car **fixed.** 차를 수리했어.

B: **How much did it cost?** 얼마 들었냐?

A: **I'll have** the room **cleaned** before the meeting.
회의 전에 이 방을 청소시킬게요.

B: **Good idea.** 좋은 생각이야.

바로바로 CHECK!
I have~ 다음에 다양한 명사+pp를 넣어보자.

1. 오늘 아침에 머리했어 (do one's hair)

2. 방을 백합으로 가득 채우게 했어 (fill the room with)

3. 컴퓨터를 업그레이드 했어 (upgrade one's computer)

1. I had my hair done this morning 2. I had the room filled with lilies 3. I had my computer
upgraded

have+명사+동사/~ing …하게 하다

핵심문장
달달외우기

▶ 앞과 달리 have+명사 다음에 능동형태가 오는 have+명사+동사원형/~ing는
▶ 「…에게 (지시하여) ~을 하게끔 시키다」, 혹은 명사를 ~ing 하게 만들다라는 뜻.
▶ get은 get+명사+to+동사처럼 동사앞에 to가 온다는 점에 주의한다.

Would you have him call me?
그 사람이 나한테 전화하게 해주실래요?

I'll have my secretary attend the meeting
비서를 시켜 그 회의에 참석하게 할게요

Have her come in 들어오라고 해

I had the audience laughing 내 말에 방청객들이 웃었다

네이티브처럼
말해보기

A: Mr. Baggins is not in right now. 배긴스 씨는 지금 안계세요.

B: Would you **have** him **call** me when he comes back?
돌아오면 저한테 전화하라고 해주실래요?

A: Do you hear that? What's that noise? 저 소리 들려? 무슨 소리지?

B: Oh, I **have** the water **running.** 아. 내가 물을 틀어놨어.

바로바로 CHECK!
I'm sorry about+명사 다음에 다양한 문장을 넣어보자.

1. 내가 걔한테 보고서를 조사하라고 했어 (research the report)

2. 매니저에게 문을 열게 했어 (unlock the door)

3. 비서에게 팩스보내라고 할게 (fax it)

1. I had her researching the report 2. I had the manager unlock the door 3. I will have my
secretary fax it

You have~ 너 …이네, …하구나

핵심문장
달달외우기

▶ 주어 'I'를 살짝 바꿔 'You have+명사'의 형태로 만든 경우로

▶ You have 역시 다양한 명사를 목적어로 취하면서 다양한 문장을 만든다.

▶ 「네게 …가 있다」, 즉 「너 …하구나」, 또는 「너 …이구나」 정도의 의미이다.

You have a nice car	네 차 멋있다
You have a large family	(당신 가족은) 대가족이네요
You have a good memory	기억력이 좋으시네요
You have a call from Mr. Kobs	
콥스 씨에게서 전화 왔어요(전화를 바꿔주면서)	
You have a lot of friends	친구들이 많으시군요

네이티브처럼
말해보기

A: I have two sisters and three brothers. 난 누나가 둘에 남동생이 셋이야.

B: Wow! **You have** a large family. 이야! 대가족이로군.

A: Didn't we meet at a party a few years ago?
우리, 몇 년 전에 파티에서 만났었죠?

B: **You have** a good memory. 기억력이 좋으시네요.

바로바로 CHECK!
You have~ 다음에 다양한 명사를 넣어보자.

1. **전화왔어** (a phone call)

2. **전화 잘못거셨어요** (wrong number)

3. **네 말이 맞아** (a point there)

1. You have a phone call 2. You have the wrong number 3. You have a point there

Do you have~? 너 …갖고 있어?

핵심문장
달달외우기

▸ 이번에는 have동사의 의문문 문형으로

▸ Do you have+명사~?는 상대방에게 「…갖고 있느냐」라고 물어보는 패턴.

▸ 유형·무형의 여러가지 명사들이 올 수 있으며 의미는 「너 …갖고 있니?」.

Do you have a digital camera?	디카 갖고 있니?
Do you have a brother?	너 남자형제가 있니?
Do you have kids?	자녀가 있나요?
Do you have a room for tonight? 오늘밤 묵을 방 있나요? (호텔 등에서)	
Do you have time to have dinner?	저녁 먹을 시간 있어요?

네이티브처럼
말해보기

A: **Do you have** a brother? 남자형제가 있니?

B: No, I have an older sister and a younger sister.
아니, 누나 한명에 여동생이 한명 있어.

A: My wife and I have been married for six years.
우리 부부는 결혼한지 6년 됐어요.

B: **Do you have** kids? 자녀는 있나요?

바로바로 CHECK!
Do you have~? 다음에 다양한 명사를 넣어보자.

1. 내게 뭐 불만있어? (a problem with)

2. 잠깐 시간 돼? 금방이면 돼 (take long)

3. 회의에 대해 얘기할 시간 있어요? (talk about)

1. Do you have a problem with me? 2. Do you have a second? It won't take long
3. Do you have time to talk about the meeting?

Do you have any~ ? 뭐 …가 있어?

핵심문장
달달외우기

▸ 앞의 Do you have+명사? 패턴을 응용한 것으로

▸ Do you have any+명사?는 「뭐 …가 있어?」라는 의미의 문장으로

▸ 질문의 초점은 명사의 있느냐 없느냐에 맞춰져 있다.

Do you have any questions?	질문 있나요?
Do you have any plans?	무슨 계획이라도 있어?
Do you have any idea?	뭐 좀 아는 것 있어?
Do you have any other brands?	다른 상표(의 상품)은 있나요?
Do you have any beer?	맥주 있니?

네이티브처럼
말해보기

A: Did you figure out the math homework? 수학숙제 풀었어?

B: Nope. **Do you have any** idea about it? 아니. 너 뭐 아는 것 좀 있나?

A: **Do you have any** plans tonight? 오늘 밤에 무슨 계획이라도 있어?

B: Possibly. What do you have in mind?
어쩌면 생길 지도 몰라. 뭐할 생각인데?

바로바로 CHECK!
Do you have any~? 다음에 다양한 명사를 넣어보자.

1. 나 인터뷰하는데 뭐 조언해줄 거 있어? (any advice for)

2. 증거라도 있는거야? (any proof)

3. 스위스 와인 있나요? (any Swiss wine)

1. Do you have any advice for my interview? 2. Do you have any proof? 3. Do you have any Swiss wine?

I got~ …을 받았어, 얻었어

핵심문장
달달외우기

▶ get은 have 이상으로 다양한 쓰임새, 다양한 의미를 갖는 만능동사이다.
▶ 먼저 get이 「받다」(receive)라는 의미로 쓰이는 기본적인 경우를 보자.
▶ 이때 get은 돈주고 사거나 어디서 가져오거나 어쨌든 「손에 넣는 것」을 의미.

I got an e-mail from her	걔한테서 이메일 받았어
I got a new swimsuit at the store	그 상점에서 새 수영복을 샀어
I got my driver's license	운전면허를 땄어
I got a promotion	나 승진했어
I got a new job	새 일자리를 구했어
I got an A+ on my English test	영어시험에서 A+를 받았어

네이티브처럼
말해보기

A: **I got** my driver's license today. 오늘 운전면허 땄어.
B: Soon you'll have to buy yourself a car. 곧 차를 사야겠구나.
A: You look happy. What's up? 기분 좋아 보이네. 무슨 일이야?
B: **I got** a promotion today. 나 오늘 승진했어.

바로바로 CHECK!
I got~ 다음에 다양한 명사를 넣어보자.

1. 오늘 오후 일찍 걔한테서 이메일을 받았어 (early this afternoon)

2. 내가 우리 반에서 제일 좋은 점수를 받았어 (in the class)

3. 컴퓨터 매장에서 구입했어 (at the computer store)

1. I got an e-mail from him early this afternoon 2. I got the highest score in the class
3. I got it at the computer store

I got+장소명사 …에 도착했어

핵심문장
달달외우기

▶ get home으로 대표되는 get+장소명사 패턴은
▶ 「…에 다다르다」, 「도착하다」라는 의미로 쓰인다.
▶ 특히 get there(그 곳에 도착하다), get here(여기에 오다)가 많이 쓰인다.

I got home after work	퇴근 후에 집에 왔어
I got downstairs for dinner	저녁을 먹으려고 아래층에 내려갔지
I got there on time	난 거기 제시간에 도착했어

네이티브처럼
말해보기

A: **Were you late for your doctor's appointment?**
병원 예약시간에 늦었어?

B: No, **I got there** on time. 아니, 제 시간에 갔어.

A: After unpacking, **I got downstairs** for dinner.
짐을 풀고 나서 아래층에 저녁먹러 내려갔지.

B: **How was the food in the restaurant?** 그 식당 음식은 어땠니?

바로바로 CHECK!
I got~ 다음에 다양한 장소명사를 넣어보자.

1. 거기에 어떻게 가죠? (get there)

2. 제 시간에 집에 도착할거야 (in time)

3. 여기 오는데 얼마걸렸어? (take you to)

1. How do I get there? 2. We'll get home in time 3. How long did it take you to get here?

왕초보달콤패턴

116

I got+기타명사 …했어

핵심문장
달달외우기

▶ get에는 앞서 연습한 것들 외에도 여러가지 의미들이 있습니다.

▶ 전화를 받거나 문을 열어 주는 것, 버스 등을 타는 것, 알아듣거나 이해하는 것, 또한 have 대신에 질병 이름과 함께 쓰여 병에 걸린다라는 의미 등 다양하게 쓰인다.

He **got a phone**	걔가 전화를 받았어
I'll **get it**	(전화가 오거나 초인종이 울렸을 때) 내가 받을게, 내가 열게
We need to **get the forty-two bus**	
우린 42번 버스를 타야 돼	
Now I **got it**	이제 알겠다
I **got the flu**	나 독감에 걸렸어

네이티브처럼
말해보기

A: **Which bus will take us downtown?** 몇번 버스가 시내로 가?

B: We need to **get the forty-two bus.** 42번 버스를 타야 돼.

A: **I can hear the telephone ringing.** 전화벨이 울리는 소리가 들리는데.

B: Me too. **I'll get it.** 나도 들려. 내가 받을게.

바로바로 CHECK!
I got~ 다음에 다양한 명사를 넣어보자.

1. 맞아, 바로 그거야, 알았어 (get it)

2. 식당에서 먹고 식중독에 걸린 것 같아 (food poisoning)

3. 전화받지마! 내가 받을거야 (touch the phone)

1. You got it 2. I think I got food poisoning at the restaurant 3. Don't touch the phone! I'll get it

get+형용사 …해지다

핵심문장
달달외우기

▸ get 뒤에 형용사가 오면 「…하게 되다」, 「…해지다」라는 의미의 패턴으로
▸ 전통적인 동사인 become의 의미와 같게 된다.
▸ 동작의 진행을 더 강조하라면 be getting+비교급이라고 하면 된다.

I **got fat**	나 살이 쪘어
I **got really mad at** him	나 걔한테 엄청나게 화났었어
I **get red** when I drink	술을 마시면 난 빨개져
It's **getting better[worse]**	점점 나아지고[나빠지고] 있어
My feet **are getting cold**	발이 차가워지고 있어

네이티브처럼
말해보기

A: What happened when your boyfriend forgot your birthday? 네 남자친구가 네 생일을 까먹다니 어떻게 된 거야?

B: I **got really mad at** him. 나 걔한테 무지 화났어.

A: Is it warm enough for you? 이 정도면 따뜻해?

B: Not really. My feet **are getting cold.** 별로. 발이 차가워지고 있어.

바로바로 CHECK!
get~ 다음에 다양한 형용사를 넣어보자.

1. 담주에 열리는 경주 때문에 너무 긴장돼 (nervous about)

2. 네가 결혼할 때 정말 질투심이 났어 (when you got married)

3. 더 잘 될거야 (get better)

1. I got so nervous about the race next week   2. I got really jealous when you got married
3. It's going to get better

get+pp ···해졌어

핵심문장
달달외우기

▶ get+과거분사는 be+과거분사 문장에서 be동사 대신 쓸 수 있다.

▶ be동사 대신에 쓰여 과거분사의 '동작'을 강조하는 패턴이다.

▶ 의미는 「과거분사의 상태가 되다」라는 것.

I'm getting married in May	나 5월에 결혼해
I got fired today	나 오늘 해고됐어
I got drunk	나 취했어
I got locked out	열쇠도 없이 문을 잠그고 나와버렸네
He got caught by the police	그 사람은 경찰에게 붙잡혔어

네이티브처럼
말해보기

A: Are you upset about something? 뭐 화나는 일 있니?

B: I feel awful. **I got fired** today. 기분 더러워. 오늘 해고당했다구.

A: **I got locked** out of my car. 차 열쇠를 안에 두고 잠가버렸네.

B: Did you call the locksmith? 열쇠 수리공은 불렀어?

바로바로 CHECK!
get~ 다음에 다양한 동사의 pp를 넣어보자.

1. **차가 밀려서** (traffic)

2. **하키경기를 하다 부딪혔어요** (while playing hockey)

3. **서른 살에 결혼했어** (at the age of)

1. I got caught in traffic 2. I got hit while playing hockey 3. I got married at the age of thirty

get+사람+사물 …에게 …을 갖다주다

핵심문장
달달외우기

▶ get에 목적어가 두 개 연속으로 붙는 경우로

▶ get+사람+사물하면 「…에게 …을 갖다주다」 혹은 「사다주다」라는 의미.

▶ 이때 순서를 바꾸어쓰면 get+사물+to 사람 형태가 된다는 점을 주의하자.

I'll get you some coke	내가 너한테 콜라 갖다줄게
He got me an expensive dress	걔가 나한테 비싼 옷 사줬어
Let me get you a piece of pie	너한테 파이 한조각 갖다줄게
Could you get me a newspaper?	나한테 신문 좀 갖다줄래요?

네이티브처럼
말해보기

A: My boyfriend **got me an expensive dress.**
내 남자친구가 비싼 옷을 사줬어.

B: Hmm… Is he rich? 흠… 걔 부자니?

A: This coffee tastes great. 커피 맛 좋네.

B: Let me **get you a piece of pie** to go with it.
커피랑 같이 먹도록 파이 한 조각 갖다줄게.

바로바로 CHECK!
get you[me]~ 다음에 다양한 사물명사를 넣어보자.

1. 뭐라도 좀 갖다 줄까? (get you anything)

2. 가게에 가서 뭐 좀 사다 줘 (go to the store)

3. 택시 좀 잡아줄래요? (get me a taxi)

1. Can I get you anything? 2. Go to the store and get me something 3. Can you get me a taxi, please?

get+명사+형용사 …을 …하게 하다

핵심문장
달달외우기

▸ get+명사 다음에 '형용사'가 오는 get+명사+형용사의 형태.
▸ 「주어가 목적어를 형용사의 상태로 만든다」는 의미로
▸ make+명사+형용사와 같은 구문이다.

He always gets me upset	걘 항상 날 화나게 해
I can't get my hands warm	손을 따뜻하게 할 수가 없네
Nothing can get him mad	그 어떤 것도 걜 화나게 만들 수 없어
We must get dinner ready	저녁을 준비해야 돼

네이티브처럼
말해보기

A: Bill seems to be a very patient guy. 빌은 굉장히 참을성이 있는 것 같아.
B: Yeah. Nothing can **get him mad.** 응. 어떤 일에도 화를 내지 않지.
A: The office is really cold today. 오늘 사무실이 정말 춥구나.
B: I know. I can't **get my hands warm.** 그러게. 손을 따뜻하게 할 수가 없네.

바로바로 CHECK!
get~ 다음에 다양한 명사+형용사를 넣어보자.

1. **걔를 화나게 했어** (upset)

2. **미안해, 네 신문이 젖었어** (your newspaper)

3. **오해하지마** (wrong)

1. I got her upset 2. I'm sorry, but I got your newspaper wet 3. Don't get me wrong

get+명사+pp …을 해 받다, 당하다

핵심문장
달달외우기

▶ 앞서 배운 have+목적어(명사)+과거분사와 같은 구문으로

▶ 남을 시켜서 「…를 해 받는다」, 혹은 어떤 일을 「당하다」라는 의미이다.

▶ 자기가 직접하지 않고 제 3자에 의해서 이루어진 일을 말할 때 사용한다.

I **got** my hair **cut**　　　　머리를 잘랐어

I **got** my car **wash**ed　　　차를 (맡겨서) 세차했어

I **got** my bicycle **fix**ed　　자전거를 고쳤어

I **got** the house **paint**ed　집을 페인트 칠했어

You should **get** the children **dress**ed

애들 옷을 입혀야지

네이티브처럼
말해보기

A: You look different today. 너 오늘 좀 달라보인다.

B: I **got** my hair **cut.** Does it look good? 머리를 잘랐거든. 보기 좋아?

A: I **got** my car **wash**ed today. 오늘 세차를 했어.

B: That's a good thing to do while the weather is nice.
날씨 좋을 때 세차하는 게 좋지.

바로바로 CHECK!
get~ 다음에 다양한 명사+pp를 넣어보자.

1. 내일 아침까지 마무리해 (get ~ done)

2. 나 때문에 길을 잃게 돼서 미안해 (get~ lost)

3. 컴퓨터를 업그레이드했어 (get ~ upgraded)

---

1. Please get it done by tomorrow morning　2. I'm sorry that I got us lost　3. I got my computer upgraded

122

get+명사+to~ …하게 만들다

핵심문장
달달외우기

▶ get+명사+pp가 제 3자에 의해 어떤 행동을 받는 거에 반해

▶ get+명사+to+V는 주어가 명사에게 설득(지시)하여 to 이하의 일을 시키는 것.

▶ 앞서 배운 have+명사+to~와 동일한 의미이다.

I couldn't get him to calm down 걜 진정시킬 수가 없었어

I'll get Amanda to go out with me
어맨더가 나하고 데이트하게 만들거야

You should get security to open it up
경비원에게 열어달라고 해야겠네

He tried to get me to pay for it
걘 내가 돈을 내도록 하려고 하더라니까

I'll get Greg to fix your car 그렉이 네 차를 고쳐놓도록 시킬게

네이티브처럼
말해보기

A: The door is locked. 문이 잠겼네.

B: You should get security to open it up. 경비불러 열어달라고 해야겠네.

A: Did Harry make you pay for dinner? 해리가 저녁값을 네가 내게 했단 말야?

B: He tried to get me to pay for it, but I refused.
내가 돈을 내끔 하려고 하더라구. 하지만 싫다고 했어.

바로바로 CHECK!
get~ 다음에 다양한 명사+to 동사를 넣어보자.

1. 걔가 네게 사과하도록 할게 (apologize to)

2. 비서한테 음식을 좀 더 가져오라고 할게 (get some more food)

3. 걔보고 널 도와주라고 할게 (help you)

1. I'll get her to apologize to you 2. I'll get the secretary to get some more food
3. I'll get him to help you

140 맨처음 패턴영어

I've got~ …가 있어

핵심문장
달달외우기

▸ have got은 구어체표현으로 have와 별반 다를 것 없이 쓰인다.

▸ 즉 have got+명사는 have+명사와 똑같이 「…을 갖고 있다」는 의미.

▸ 하지만 「갖고 있다」이외 딴 의미의 have는 have got으로 대체불가.

I've got four tickets	나 티켓 네 장 갖고 있어
I've got a date	나 데이트가 있어
I've got an idea	나한테 생각이 있어
I've got two kids	애가 둘이에요
I've got a plan	나한테 계획이 있어

네이티브처럼
말해보기

A: How can we make some money? 어떻게 하면 돈을 벌 수 있을까?

B: **I've got** an idea. Do you want to hear it? 나한테 생각이 있어. 들어볼래?

A: Why are you dressed so formally tonight?
오늘 왜 그렇게 정식으로 차려입었어?

B: **I've got** a date that I want to impress.
데이트가 있는데 강한 인상을 주고 싶어.

바로바로 CHECK!
I've got~ 다음에 다양한 명사를 넣어보자.

1. 할 일이 많아서요 (a lot of things)

2. 얘기 들을 시간은 충분해 (hear it)

3. 새로운 소식있어 (news for)

1. I've got a lot of things to do 2. I've got time to hear it 3. I've got news for you

I've got to~ ···해야 돼

핵심문장
달달외우기

▶ 앞서 말했듯 have got은 have와 같은 의미로 보면
▶ have got to~ 역시 have to와 동일한 뜻이 된다.
▶ 의미는 「···해야 한다」는 뜻

I've got to go	나 이제 가봐야 해
I've got to tell you	너한테 말해야겠어
I've got to go back to my office	난 사무실로 돌아가 봐야 해
You've got to be careful	조심해야 돼
I've got to do something now	난 이제 뭔가 해야만 해

네이티브처럼
말해보기

A: Can you join us for a few drinks? 우리랑 같이 술이나 몇잔 마실래?

B: No, **I've got to** go back to my office. 아니. 사무실로 돌아가봐야 해.

A: This is dangerous. **You've got to** be careful.
이 일은 위험해. 조심해야 한다구.

B: Don't worry about me. 내 걱정 하지 마.

바로바로 CHECK!
I've got to~ 다음에 다양한 동사를 넣어보자.

1. 이제 들어가서 샤워해야겠어 (get back inside)

2. 데이트가 있어. 빨리 가야 돼 (run)

3. 신디 데리러 가야 돼 (pick up)

1. I've got to get back inside and shower 2. I have a date. I've got to run
3. I've got to go pick up Cindy

Chapter **05**

일반동사

왕초보탈출패턴 001-080

I like~ …을 좋아해

핵심문장
달달외우기

▶ I like 다음에는 명사가 와서「좋아한다」는 의미를 나타낼 수 있는데
▶ I'd like~와 달리 내가 평소에 뭘 좋아하고 있는지 말할 때 쓰이지만
▶ 칭찬할 때나 선물받고「나 그거 맘에 든다」고 할 때도 쓰인다.

I like your tie   네가 매고 있는 타이 좋구나

I like this picture   이 사진, 맘에 든다

I like it   맘에 들어

I like comics   난 만화책을 좋아해

I like you very much   나 네가 정말 좋아

네이티브처럼
말해보기

A: You look nice today. **I like** your tie. 오늘 멋있어보이네. 넥타이 참 좋다.

B: Thank you. 고마워.

A: Here's your birthday present. It's a silver bracelet.
이거 네 생일선물. 은팔찌야.

B: Thank you. **I like** it. 고마워. 맘에 들어.

바로바로 CHECK!
I like~ 다음에 다양한 명사를 넣어보자.

1. 저 곳이 맘에 들어 (place)

2. 그 생각 맘에 들어 (idea)

3. 컴퓨터게임을 좋아해 (computer games)

1. I like that place 2. I like that idea 3. I like computer games

I like to~ …하는 걸 좋아해

핵심문장
달달외우기

▶ 내가 좋아하는 행동을 말할 땐 I like to+동사를 이용하면 되는데

▶ to+동사 대신에 ~ing 형태를 써도 같은 뜻이다.

▶ 지금 현재 뭔가 하고 싶을 때 말하는 I'd like to+V와 착각하지 말아야 한다.

I like to swim   난 수영하길 좋아해

I like to jog in the morning   난 아침에 조깅하는 걸 좋아해

I like to take walks alone   난 혼자서 산책하길 좋아해

I like to watch[watching] baseball games

난 야구경기 관람하는 걸 좋아해

네이티브처럼
말해보기

A: **I like to** jog in the morning. 난 아침에 조깅하는 걸 좋아해.

B: Really? So do I. 정말? 나도 그런데.

A: What do you do on Saturdays? 토요일마다 뭘 하세요?

B: I stay at home. **I like to** watch baseball games.
집에 있어요. 야구경기 보는 걸 좋아하거든요.

바로바로 CHECK!

I like to~ 다음에 다양한 동사를 넣어보자.

1. 난 텔레비전 보는 걸 좋아해 (watch TV)

2. 난 여기 사는게 좋아 (live here)

3. 난 액션영화 보는 것 좋아해 (watch action movies)

1. I like to watch TV 2. I like living here 3. I like watching action movies

왕초보탈출패턴

127 I don't like~ …을 좋아하지 않아

핵심문장
달달외우기

▶ 앞서 배운 I like~의 부정형태로

▶ I don't like~는 「좋아하지 않는다」, 즉 「싫다」라는 의미이다.

▶ I don't like 담에는 명사, to+V, ~ing가 오는데 먼저 명사가 오는 경우를 본다.

I don't like noisy music	시끄러운 음악은 좋아하지 않아
I don't like sports	스포츠는 좋아하지 않아
I don't like this type of work	이런 종류의 일은 싫더라
I don't like my boss	우리 상사가 맘에 안들어
I don't like the blue one	파란 것은 별로야
I don't like beans very much	콩은 너무 먹기 싫더라

네이티브처럼
말해보기

A: **I don't like** my boss. 우리 상사가 맘에 안들어.

B: You should probably try to find another job.
다른 일을 찾아봐야겠구나.

A: What do you think about these shirts? 이 셔츠들 어떻게 생각해?

B: **I don't like** the striped one. 줄무늬 셔츠는 별로야.

바로바로 CHECK!
I don't like~ 다음에 다양한 명사를 넣어보자.

1. 네 목소리 듣기 싫어 (voice)

2. 소문은 좋아하지 않는다고 (gossip)

3. 그 생각이 맘에 안들어 (idea)

1. I don't like your voice 2. I don't like gossip 3. I don't like that idea

I don't like to~ …하기 싫어

핵심문장
달달외우기

▸ 앞서 배운 I like to~/~ing(…하기를 좋아해)의 부정형태로

▸ I don't like 다음에 to+동사나 ~ing을 붙이면 된다.

▸ 뭔가 하기 싫은 행동들을 말할 때 애용하면 된다.

I don't like to talk about it	거기에 대해서는 얘기하기 싫어
I don't like to see her	걔 보고 싶지 않아
I don't like to think about that	거기에 대해 생각하기 싫어
I don't like to do the dishes	설거지하기 싫어
I don't like to ask[asking] him	걔한테 물어보기 싫어

네이티브처럼
말해보기

A: **Your kitchen is pretty dirty.** 너희 집 부엌 굉장히 지저분하구나.

B: **I know. I don't like doing the dishes.** 맞아. 내가 설거지하는 걸 싫어해서.

A: **We may never see each other again.** 우리 다시는 서로 볼 일 없을 거야.

B: **I don't like to think about that.** 생각하기도 싫다.

📋 **바로바로** CHECK!
I don't like to~ 다음에 다양한 동사나 ~ing를 넣어보자.

1. 클래식 음악 듣는 걸 싫어해 (hear classic music)

2. 시간낭비하고 싶지 않아 (waste my time)

3. 그거 하기 싫어 (do that)

1. I don't like hearing classical music 2. I don't like wasting my time 3. I don't like to do that

Do you like~ ? …를 좋아해?

핵심문장
달달외우기

▸ 이번에는 like를 이용해서 만드는 의문문으로
▸ 상대방에게 뭔가를 좋아하는지를 물어보는 패턴이다.
▸ 먼저 Do you like 다음에 명사가 오는 경우를 살펴본다.

Do you like jazz?	재즈 좋아해?
Do you like sports?	스포츠 좋아하니?
Do you like your job?	하시는 일은 맘에 드세요?
Do you like your new shoes?	새 신발은 맘에 들어?
Do you like her[him]?	너, 그 애 좋아해?

네이티브처럼
말해보기

A: **Do you like** jazz? 재즈 좋아하니?
B: Well, I'm a big fan of John Coltrane.
음, 존 콜트레인을 무진장 좋아하는 팬이야.

A: **Do you like** your job? 하는 일은 마음에 드니?
B: I really enjoy doing my work. 정말 즐겁게 일하고 있어.

바로바로 CHECK!
Do you like ~ ? 다음에 다양한 명사를 넣어보자.

1. 이태리 음식 좋아해요? (Italian food)

2. 저런 종류의 음악 좋아해? (that kind of music)

3. 내가 입은 이 드레스 맘에 들어? (dress I'm wearing)

1. Do you like Italian food? 2. Do you like that kind of music? 3. Do you like the dress I'm wearing?

Do you like to~? …하는 걸 좋아해?

핵심문장
달달외우기

▶ 역시 I like to+동사/~ing을 의문문형태로 바꾼 것으로

▶ 상대방에게 어떤 행위를 하는 것을 좋아하는지 물어보는 것으로

▶ Do you like 다음에는 to+동사나 동사의 ~ing을 붙이면 된다.

Do you like to **play golf?**	골프치는 거 좋아해?
Do you like to **sing?**	노래부르는 거 좋아해?
Do you like to **hike?**	등산하는 거 좋아해?
Do you like to **watch basketball games?**	
농구경기 보는 거 좋아해?	

네이티브처럼
말해보기

A: The LA Lakers are doing well this year.
LA 레이커스 팀이 올해 굉장히 잘 하고 있어.

B: **Do you like to** watch basketball games?
농구 경기 보는 거 좋아하는구나?

A: **Do you like to** sing? 노래부르는 거 좋아해?

B: Yes, but to be honest, my voice isn't very good.
응, 하지만 솔직히 내 목소리는 그다지 근사하지 않아.

바로바로 CHECK!
Do you like to~ ? 다음에 다양한 동사를 넣어보자.

1. 거기서 일하는 거 좋아해? (work there)

2. 햄버거 먹는 거 좋아해? (eat hamburgers)

3. 쇼핑가는 거 좋아해? (go shopping)

1. Do you like working there? 2. Do you like to eat hamburgers? 3. Do you like to go shopping?

131 I know~ …을 알아

핵심문장
달달외우기

▶ '알다'라는 의미의 생기초동사인 know는 활용한 패턴들을 알아보자.

▶ 뭘 아는지에 대해서는 I know 다음에 명사를 써주는데

▶ 「…에 대해서 안다」라고 할 때 I know of~ 나 I know about~을 사용한다.

I know her name   나 걔 이름 알아

I know a lovely store in New York
뉴욕에 있는 근사한 가게를 알고 있어

I know her   나 걔랑 알고 지내는 사이야

I know of her   나 걔가 누군지 알아

I know all about kung fu   쿵후에 대해서라면 뭐든 다 알아

네이티브처럼
말해보기

A: I'd like to buy some antiques. 골동품을 좀 사고 싶은데.

B: **I know** a lovely antique store in New York.
뉴욕에 근사한 가게를 알고 있어.

A: **I know all about** kung fu. 난 쿵후에 대해서라면 뭐든 다 알아.

B: Why don't you show me some moves? 동작을 좀 보여줘.

바로바로 CHECK!
I know~ 다음에 다양한 명사를 넣어보자.

1. 내가 답을 알아 (the answer)

2. 내가 아는 유명인이 많아 (a lot of celebrities)

3. 그 심정 내 알겠어, 그 기분 이해해 (the feeling)

1. I know the answer 2. I know a lot of celebrities 3. I know the feeling

I know that~ …을 알아

핵심문장
달달외우기

▶ I know 다음에 명사처럼 쓰이는 명사구나 명사절이 오는 경우로

▶ I know that 주어+동사 혹은 I know 의문사+주어+동사 형태를 사용한다.

▶ 또한 I know 의문사+to+동사 형태도 잊지 말고 사용해보자.

I know what you mean 네가 무슨 뜻으로 얘기하는 건지 알아

I know what you're talking about
네가 무슨 얘기 하고 있는 건지 알아

I know how to play this game 이 게임 어떻게 하는지 알아

I know where to go 어디로 가는지 알아

I know that he's a married man
그 사람이 유부남이라는 거 알아

I know how you feel 네가 어떤 기분인지 알아

네이티브처럼
말해보기

A: It seems like things get more and more expensive.
물가가 점점 비싸지는 것 같아.

B: **I know what** you're talking about. 무슨 소린지 알겠어.

A: We're playing cards. Want to join us? 카드놀이 같이 할래?

B: Sure. **I know how to** play this game. 좋지. 나 포커 칠 줄 알아.

바로바로 CHECK!
I know that/what~ 다음에 다양한 문장을 넣어보자.

1. 그게 틀리다는 걸 나도 알고 있어 (wrong)

2. 너 피아노 잘 치잖아 (play the piano)

3. 나도 아니까 걱정하지마, 내가 다 알아서 할게 (what I'm doing)

1. I know it's wrong 2. I know you play the piano well 3. I know what I'm doing

I don't know~ …을 몰라

핵심문장
달달외우기

▸ 이번에는 know의 부정문 형태로 I don't know ~을 살펴보자.

▸ 역시 know의 목적어로는 단순히 명사가 오거나 명사구나 명사절 등이 오게 되는데 여기서는 먼저 명사가 목적어로 오는 경우만을 살펴본다.

I don't know my size	내 사이즈가 몇인지 몰라
I don't know	몰라
I don't know his cell phone number	
걔 휴대폰 번호를 모르는걸	
I don't know Randy very well	난 랜디랑 그다지 친하지 않아
I don't know her age	그 여자 나이를 몰라

네이티브처럼
말해보기

A: Can you tell me more about that guy? 저 남자에 대해서 좀더 얘기해줄래?

B: Sorry, **I don't know** Danny very well. 미안한데, 난 대니하고 별로 안친해.

A: You should call Glen and invite him. 너 글렌에게 전화해서 초대해야지.

B: **I don't know** his cell phone number. 걔 전화번호를 모르는걸.

바로바로 CHECK!
I don't know~ 다음에 다양한 명사를 넣어보자.

1. 확실히 모르겠어 (for sure)

2. 난 답을 몰라 (the answer)

3. 걔 일정을 모르는데 (her schedule)

1. I don't know for sure 2. I don't know the answer 3. I don't know her schedule

134

I don't know about~ …에 대해서 몰라

핵심문장
달달외우기

▶ 역시 뭔가 잘 모를 때 사용하는 패턴중 하나로

▶ 어떤 사실이나 사항에 '관해서' 아는지 모르는지를 언급할 때는

▶ I don't know about 다음에 자기가 모르는 명사를 넣으면 된다.

I don't know about that　　난 그것에 대해서는 아는 게 없어

I don't know about real estate　부동산에 관해서는 아는 게 없어

I don't know about the new plans
새 계획에 대해서는 몰라

I don't know about yoga　　　요가에 대해 아는 게 없어

네이티브처럼
말해보기

A: Could you give me some advice about real estate?
부동산에 관해서 조언 좀 해줄래?

B: Sorry. **I don't know about** that. 미안해. 부동산에 대해서는 아는 게 없어.

A: Did you hear Jane is moving next weekend?
제인이 다음 주말에 이사간다며?

B: **I don't know about** that. 몰라.

바로바로 CHECK!
I don't know about~ 다음에 다양한 명사를 넣어보자.

1. 클래식음악에 대해선 아는게 없어 (the classic music)

2. 주식시장에 관해선 몰라 (the stock market)

3. 자동차 튜닝에 대해선 몰라 (the car tuning)

---

1. I don't know about the classic music　2. I don't know about the stock market
3. I don't know about the car tuning

I don't know what~ …을 몰라

핵심문장
달달외우기

▶ I don't know~ 다음에 의문사를 이용한 명사절(구)를 넣어 만드는 패턴으로
▶ I don't know (that)+S+V 혹은 I don't know 의문사+S+V 형태로 쓰인다.
▶ 또한 I don't know 의문사+to+동사의 명사구가 올 수도 있다.

I don't know what to do   뭘 해야 할지 모르겠어

I don't know what you're talking about
네가 무슨 얘기 하는 건지 모르겠어

I don't know why she's angry   걔가 왜 화를 내는지 모르겠네

I don't know how to thank you
어떻게 감사를 드려야 할지 모르겠어요

I don't know why   이유를 모르겠네

I don't know where to go(또는 **where I should go**)
어디로 가야 할지 모르겠어

네이티브처럼
말해보기

A: I saw you dating another woman. 네가 딴 여자 만나는 거 봤어.

B: **I don't know what** you're talking about. 무슨 소리 하는 건지 모르겠네.

A: Here's the present I got for your birthday. 네 생일이라서 선물 준비했어.

B: **I don't know how to** thank you. 어떻게 감사드려야 할지 모르겠네요.

바로바로 CHECK!
I don't know that/what~ 다음에 다양한 문장을 넣어보자.

1. (미안해서) 뭐라 말해야 할지 (what to say)

2. 걔한테 무슨 문제가 있는지 모르겠어 (be wrong with)

3. 어떻게 된 건지 몰라 (what happened)

1. I don't know what to say 2. I don't know what's wrong with her 3. I don't know what happened

Do you know~? 너 …을 알아?

핵심문장
달달외우기

▶ know의 의문문 형태인 Do you know+명사? 패턴을 먼저 알아본다.

▶ 필요한 정보를 얻어낼 때 꼭 사용해야 하는 중요한 문형으로

▶ 구어에서는 조동사, Do를 생략하고 그냥 You know~?형태로도 쓰인다.

Do you know that? 너 그거 알아?

Do you know her e-mail address? 너 걔 이메일 주소 알아?

Do you know Sarah? 너 새러하고 친해?

Do you know his[her] phone number?
너 걔 전화번호 알아?

네이티브처럼
말해보기

A: **Do you know** Pheobe? 피비랑 친하지?

B: No, I don't think we ever met before.
아니, 전에 한번도 만나본 적이 없는걸.

A: You can ask the school's advisor about that.
지도교수님한테 그 문제를 여쭤봐.

B: **Do you know** her e-mail address? 교수님 이메일 주소 알아?

바로바로 CHECK!
Do you know~? 다음에 다양한 명사를 넣어보자.

1. 사장 잘 알아? (the president)

2. 그거의 주된 이유를 알아? (the main reason for)

3. 우편번호를 아십니까? (your ZIP code)

1. Do you know the president well? 2. Do you know the main reason for that?
3. Do you know your ZIP code?

Do you know anything about~ ?

…에 대해 뭐 좀 알아?

핵심문장
달달외우기

▶ 「…에 대해 뭐 좀 아는 게 있냐?」고 물어볼 때 사용하는 패턴으로
▶ about 다음에 자기가 알고 싶어하는 명사를 붙이면 된다.
▶ Do you know any+명사?의 형태도 쓰일 수 있다.

Do you know anything about resumes?
이력서에 대해서 뭐 좀 아는 거 있어?

Do you know anything about jazz?
재즈에 대해 하는 것 좀 있어?

Do you know anything about fixing cars?
차 수리에 대해 뭐 좀 알아?

Do you know any good restaurants?
근사한 식당 아는 데 있어?

네이티브처럼
말해보기

A: **Do you know anything about fixing computers?**
컴퓨터 수리에 대해 뭐 좀 알아?

B: Why? Isn't yours working properly? 왜? 네 컴퓨터 작동이 잘 안되냐?

A: Let's grab a bite to eat. 뭐 좀 먹으러 가자.

B: **Do you know any good restaurants?** 좋은 식당 아는 데 있어?

바로바로 CHECK!
Do you know anything about~? 다음에 다양한 명사를 넣어보자.

1. 골프치는 법 아는거 있어? (play golf)

2. 낚시에 대해 뭐 아는거 있어? (fishing)

3. 바이러스에 대해 뭐 아는거 있어? (the virus)

1. Do you know anything about playing golf? 2. Do you know anything about fishing?
3. Do you know anything about the virus?

Do you know that/what~? …을 알아?

핵심문장
달달외우기

▶ Do you know~ 다음에 다양한 명사절(구)을 넣어보면서
▶ 상대방으로부터 다양한 정보를 얻는 패턴이다.
▶ '의문사+S+V,' '(that)+S+V,' '의문사+to+V' 등 다양한 형태가 온다.

Do you know where the subway station is?
전철역이 어디 있는지 알아요?

Do you know when the train leaves?
기차가 언제 출발하는지 아세요?

Do you know who she is? 그 여자가 누군지 알아?

네이티브처럼
말해보기

A: **Do you know who** she is? 저 여자 누군지 알아?
B: Yeah, she's the new assistant manager of the department.
응, 우리 부서에 새로 온 차장이잖아.

A: **Do you know when** the train arrives? 기차가 언제 도착하는지 아세요?
B: It's scheduled to be here at 7 a.m.
오전 7시에 도착하는 것으로 되어있어요.

바로바로 CHECK!
Do you know that/what~ 다음에 다양한 문장을 넣어보자.

1. 걔가 왜 그랬는지 알아? (she did that)

2. 거기 어떻게 가는지 알아? (how to get there)

3. 사장이 네게 화난거 알아? (be angry with)

1. Do you know why she did that? 2. Do you know how to get there?
3. Do you know that the boss is angry with you?

I think~ …인 것 같아

핵심문장
달달외우기

▶ I think 주어+동사하면 「…인 것 같아」라고 나의 생각을 말하는 것으로
▶ 자기 의견을 좀 부드럽게 전달해주는 효과가 있다.
▶ 예로 He's wrong보다는 I think he's wrong하는 것이 훨씬 부드럽다.

I think she's lying	걔가 거짓말 하고 있는 거 같아
I think we're going to be late	우리 늦을 것 같아
I think you'll like it	네가 맘에 들어할 것 같아
I think I must be going now	지금 가봐야 할 것 같아요
I think it is too expensive	그건 너무 비싼 것 같아요

네이티브처럼
말해보기

A: Sammy said he saw a UFO last night. 새미가 어젯밤에 UFO를 봤다던데.

B: **I think** he's lying. 거짓말인 것 같아.

A: **I think** we're going to be late. 우리 늦을 것 같아.

B: We've got plenty of time. 시간 충분해.

바로바로 CHECK!
I think~ 다음에 다양한 문장을 넣어보자.

1. 네가 맞는 것 같아 (be right)

2. 또 눈이 내릴 것 같아 (snow)

3. 네가 큰 실수한 것 같아 (make a mistake)

1. I think you're right 2. I think it's going to snow again 3. I think you just made a big mistake

I don't think~ …아닌 것 같아

핵심문장
달달외우기

▶ I think~의 부정형태문장인 I don't think 주어+동사는

▶ 상대방과 반대의견 등 부정적인 생각을 피력할 때 사용하는 패턴이다.

▶ I think+부정문은 강한 어조로 일상에서는 I don't think+긍정문을 주로 쓴다.

I don't think she's pretty 걔가 예쁘다고 생각하지 않아

I don't think I should do that
내가 그걸 해야 한다는 생각이 안 들어

I don't think it will rain tomorrow
내일 비가 올 것 같지는 않은데

I don't think she[he] will come 걔는 안올 것 같아

네이티브처럼
말해보기

A: Invite him for dinner tonight. 오늘 밤에 그 사람한테 저녁 초대를 해.

B: **I don't think** I should do that. 그래야 한다는 생각 안드는데.

A: **I don't think** it will rain tomorrow. 내일 비올 것 같진 않아.

B: Have you seen the weather forecast? 일기예보 봤어?

바로바로 CHECK!
I don't think~ 다음에 다양한 문장을 넣어보자.

1. 나 이거 못할 것 같아 (do this)

2. 운전 면허증을 못 딸 것 같아 (my driver's license)

3. 가능할 것 같지 않은데 (be possible)

1. I don't think I can do this 2. I don't think I can get my driver's license
3. I don't think that will be possible

Do you think~ ? …라고 생각해?

핵심문장
달달외우기

▶ 상대방의 생각이 어떤지 물어보는 문장으로
▶ Do you think 다음에 주어+동사의 문장을 붙이기만 하면 된다.
▶ Don't you think~?는 '나는 그렇게 생각하는데 너는 그렇지 않니?'라는 뜻.

Do you think it's too expensive? 너무 비싸다고 생각해?

Do you think she loves me too? 걔도 날 사랑하는 것 같니?

Do you think he's right? 걔 말이 맞는 것 같니?

Do you think this color suits me?
이 색깔이 나한테 어울리는 것 같니?

Do you think so? 그렇게 생각해? (상대의 말을 받아)

Do you think we can finish it on time?
우리가 이 일을 제시간에 끝낼 수 있을 것 같니?

네이티브처럼
말해보기

A: My boss says that I don't work enough.
상사가 그러는데 내가 일을 충분히 하지 않는대.

B: **Do you think** he's right? 상사 말이 맞는 것 같아?

A: **Do you think** this color suits me? 이 색깔, 나한테 어울리는 것 같아?

B: No, you shouldn't buy blue clothing. 아니, 파란 옷은 사면 안되겠다.

바로바로 CHECK!
Do you think~ ? 다음에 다양한 문장을 넣어보자.

1. 내가 게으르단 말이야? (be lazy)

2. 낼 눈올 것 같아? (snow tomorrow)

3. 걔가 성공할까? (succeed)

1. Do you think I'm lazy? 2. Do you think it will snow tomorrow? 3. Do you think he will succeed?

I enjoyed~ …가 즐거웠어

핵심문장
달달외우기

▶ enjoy는 …을 즐겁게 하다는 단어로

▶ enjoy 다음에는 주로 명사 및 동사의 ~ing가 온다.

▶ 먼저 enjoy 다음에 명사가 오는 경우를 살펴보기로 한다.

I enjoyed **the dinner**	저녁 잘 먹었습니다
I enjoyed **my vacation**	휴가를 즐겁게 잘 보냈어요
I enjoyed **the flight**	비행기 여행은 즐거웠어요
I enjoyed **your party**	파티 즐거웠어요
I enjoyed **the game**	시합 즐거웠습니다
I enjoyed **the pizza**	피자 잘 먹었습니다

네이티브처럼
말해보기

A: How was your trip to Hollywood? 헐리우드 여행갔던 거 어땠어?

B: **I enjoyed** my vacation but I'm happy to be home.
휴가는 즐겁게 잘 보냈지만 집에 돌아와서 기뻐.

A: **I enjoyed** your party. 파티 즐거웠어.

B: Good. I'm glad you were able to come. 다행이다. 와줘서 기뻐.

바로바로 CHECK!
I enjoyed~ 다음에 다양한 명사를 넣어보자.

1. 정말 여름휴가가 좋았어 (the summer vacation)

2. 식사 맛있었길 바래 (your meal)

3. 즐거우셨다니 나도 기뻐요 (I'm glad)

1. I really enjoyed the summer vacation 2. I hope you enjoyed your meal 3. I'm glad you enjoyed it

I enjoyed ~ing …가 즐거웠어

핵심문장
달달외우기

▶ enjoy는 목적어로 명사 및 ~ing를 받는 대표동사.

▶ I enjoyed ~ing의 형태로 내가 즐거워 했던 일을 다양하게 표현할 수 있다.

▶ 그냥 즐거웠다라고 하려면 I enjoyed myself라고 하면 된다.

I enjoyed play**ing** poker with you   함께 포커해서 즐거웠어

I enjoyed swimm**ing** in the pool
수영장에서 수영하는 거 즐거웠어

I enjoyed sing**ing** in the Karaoke room
노래방에서 노래부른 거 즐거웠어요

I enjoyed myself very much   정말 즐거웠습니다

I enjoyed myself at the concert   콘서트에서 정말 즐거웠어

I enjoyed myself when I went to Italy
이탈리아에 갔을 때 난 정말 즐거웠어

네이티브처럼
말해보기

A: **I enjoyed** play**ing** poker with you. 함께 포커게임 해서 즐거웠어.

B: Let's do it again sometime soon. 언제 한번 또 포커 하자.

A: **I enjoyed myself** at the concert last night. 어젯밤 콘서트 정말 즐거웠어.

B: Which bands were playing? 어느 그룹의 공연이었어?

바로바로 CHECK!
I enjoyed~ 다음에 다양한 동사의 ~ing를 넣어보자.

1. 당신과 얘기를 나누게 돼 즐거웠어요 (talk to you)

2. 너와 함께 시간을 보내 즐거웠어(spend time with)

3. 너랑 함께 일해서 정말 좋았어(work with)

1. I enjoyed talking to you 2. I enjoyed spending time with you 3. I really enjoyed working with you

162
맨처음 패턴영어

I feel~ …한 느낌야, …해

핵심문장 달달외우기

▸ feel은 기분이나 몸 상태, 생각 등을 「느낀다」, 「느껴서 안다」는 의미의 동사로

▸ feel 다음에 기분이나 몸 상태 등을 나타내는 '형용사'가 오면 「…한 느낌이 들다」, 「몸 상태가 …하다」라는 의미가 된다.

I feel sick	나 아파
I feel hungry	배고파
I feel tired	피곤해
I feel much better	(건강·컨디션 등이) 훨씬 나아
I feel cold	추워
I feel sad	슬퍼

네이티브처럼 말해보기

A: **I feel** hungry. Let's eat. 배가 고파. 우리 뭐 좀 먹자.

B: Do you want to grab some snacks? 간식 좀 먹을까?

A: I heard that you had been sick. 너 아팠다고 들었는데.

B: I was, but **I feel** much better now. 그랬는데 지금은 훨씬 나아졌어.

바로바로 CHECK!

I feel~ 다음에 다양한 형용사를 넣어보자.

1. 정말 화가 나 (angry)

2. 오늘 밤 좀 긴장이 돼 (kind of nervous)

3. 이제 기분이 좋아 (right now)

1. I feel very angry 2. I feel kind of nervous tonight 3. I feel great right now

I feel like ~ing …을 하고 싶어

핵심문장
달달외우기

▶ feel like ~ing는 「…를 먹고 싶다」 혹은 「…를 하고 싶다」는 의미로
▶ I feel like ~ing하게 되면 내가 지금 하고 싶은 것을 말할 때 사용하면 된다.
▶ 반대로 I don't feel like ~ing하면 「…하고 싶지 않다」는 의미.

I feel like tak**ing** a shower	샤워하고 싶어
I feel like drink**ing** a cold beer	시원한 맥주 마시고 싶다
I feel like sleep**ing** for a while	잠깐 잠을 자고 싶어
I don't feel like go**ing** out today	오늘은 나가고 싶지 않아
I don't feel like do**ing** anything	아무 것도 하고 싶지 않아
I don't feel like sleep**ing** right now	
지금은 잠을 자고 싶지 않아	

네이티브처럼
말해보기

A: Do you want to go out? 나갈래?

B: Later. **I feel like** tak**ing** a shower first. 나중에. 먼저 샤워부터 하고 싶어.

A: It's time to go to bed. 잠자리에 들 시간이야.

B: **I don't feel like** sleep**ing** right now. 지금은 잠을 자고 싶지 않아.

바로바로 CHECK!
I feel like~ 다음에 다양한 동사의 ~ing를 넣어보자.

1. 커피 한잔 마시고 싶어 (a cup of coffee)

2. 점심으로 피자 먹고 싶어 (for lunch)

3. 오늘 밤은 아무데도 가기 싫어 (go anywhere)

1. I feel like having a cup of coffee 2. I feel like having pizza for lunch
3. I don't feel like going anywhere tonight

I need~ …가 필요해

핵심문장
달달외우기

▶ need 다음에는 명사가 오거나 to+동사가 목적어로 오며

▶ 뭔가 필요하거나 반드시 뭔가 해야 하는 것을 표현할 때 사용되는 동사이다.

▶ 먼저 need 다음에 꼭 가졌으면 혹은 꼭 했으면 하는 명사를 넣어보자.

I need your help	네 도움이 필요해
I need some medicine	약을 좀 먹어야겠어
I need some rest	좀 쉬어야겠어
I need more exercise	난 운동을 좀더 해야 돼
I need more time to decide	결정하려면 시간이 좀더 있어야 돼요
I need your advice	조언 좀 해줘

네이티브처럼
말해보기

A: I have a severe headache and **I need** some medicine.
두통이 심해. 약을 좀 먹어야겠어.

B: Do you want Tylenol or aspirin? 타이레놀이나 아스피린 줄까?

A: You seem to be getting a little fat. 너 조금씩 살이 붙고 있는 것 같다.

B: I know. **I need** more exercise. 맞아. 운동을 좀더 해야 돼.

바로바로 CHECK!
I need~ 다음에 다양한 명사를 넣어보자.

1. 생각할 시간이 더 필요해 (think about)

2. 마실 게 좀 필요해 (drink)

3. 너 같은 친구가 필요해 (like you)

1. I need more time to think about it　2. I need something to drink　3. I need a friend like you

I need to~ …해야 해

핵심문장
달달외우기

▸ 이번에는 need 다음에 to+동사가 오는 경우로

▸ I need to+동사하게 되면 내가 뭔가를 꼭 해야 한다라는 의미의 패턴이 된다.

▸ 우리가 「…을 해야 한다」라고 말하려면 We need to~라 하면 된다.

I need to think about it	거기에 대해 생각 좀 해봐야겠어
I need to lie down	나 좀 누워야겠다
I need to go to see a doctor	의사한테 가봐야겠어
We need to talk	우리 얘기 좀 해
I need to borrow your phone	네 전화 좀 빌려야 되겠어

네이티브처럼
말해보기

A: **What do you think about my proposal?** 내 제안에 대해 어떻게 생각해?

B: **We need to** talk about that. 거기에 대해 얘기 좀 해야 되겠어.

A: **You look terrible today.** 거기에 대해 얘기 좀 해야 되겠어.

B: **I'm not feeling well. I need to** lie down.
몸이 별로 좋지 않아. 좀 누워야겠어.

바로바로 CHECK!
I need to~ 다음에 다양한 동사를 넣어보자.

1. 생각을 해봐야겠어 (think about)

2. 오늘 집에 일찍 가야 돼 (go home early)

3. 내 컴이 고장나서 네 것 좀 써야겠어 (use a computer)

1. I need to think about it   2. I need to go home early today
3. I need to use a computer because mine broke

왕초보탈출패턴

148

I don't need to~ 난 …하지 않아도 돼

핵심문장
달달외우기

▸ I don't need to+동사는 「반드시 …하지는 않아도 된다」는 의미로
▸ I don't have to+동사와 비슷한 패턴이다.
▸ You don't need to~하면 상대방에게 「…하지 않아도 돼」라는 뜻이 된다.

I don't need to tell her	내가 걔한테 말해야 할 것까진 없잖아
I don't need to pay for it	내가 그 비용을 지불할 것까진 없잖아
You don't need to know	넌 몰라도 돼
You don't need to decide right now	
지금 당장 결정하지 않아도 돼	

네이티브처럼
말해보기

A: **What did you talk to Gail about?** 게일하고 무슨 얘기 했어?

B: **It's private. You don't need to know.** 개인적인 거야. 넌 몰라도 돼.

A: **I'm not sure what I want to study.** 뭘 공부하고 싶은 건지 잘 모르겠어.

B: **You don't need to decide right now.** 지금 당장 결정하지 않아도 돼.

바로바로 CHECK!
I(You) don't need to~ 다음에 다양한 동사를 넣어보자.

1. 그것에 관해 들을 필요없어 (hear about)

2. 다툴 필요 없잖아 (argue)

3. 그걸 내게 설명할 필요없어 (explain it to)

1. I don't need to hear about that 2. We don't need to argue 3. You don't need to explain it to me

I hope~ ···하기를 바래

핵심문장
달달외우기

▶ hope는 「···하면 좋겠다」, 「···하기를 바란다」는 의미로

▶ hope 뒤에 오는 문장에는 will을 쓰기도 하지만, 어차피 hope에 '앞으로의 일을 소망한다'는 뉘앙스가 들어있으므로 동사의 현재형만으로도 충분하다.

I hope she likes my present　　　걔가 내 선물 맘에 들어했으면 좋겠다

I hope you have fun on your vacation
휴가 즐겁게 지내길 바래요

I hope he will come　　　걔가 왔으면 좋겠어

I hope it will be nice tomorrow　　　내일 날씨가 맑았으면 좋겠어

I hope so　　나도 그랬으면 좋겠어(상대의 말을 그대로 받아서)

I hope we (will) win this game
이 경기에서 우리가 이겼으면 좋겠어

네이티브처럼
말해보기

A: I invited Jerry to our wedding. 제리를 우리 결혼식에 초대했어.

B: That's great! **I hope** he will come. 잘했어! 걔가 오면 좋겠다.

A: **I hope** it will be nice tomorrow. 내일 날씨가 좋았으면 좋겠다.

B: Are you planning an outdoor activity?
야외에서 뭔가 하려고 계획 중이니?

바로바로 CHECK!
I hope~ 다음에 다양한 문장을 넣어보자.

1. 네가 맘에 들기 바래 (like it)

2. 시험 정말 잘 보기를 바래 (de well on)

3. 곧 다시 보자 (meet again)

1. I hope you like it　2. I hope you do really well on the exam　3. I hope we meet again soon

I hope ~ not …하지 않았으면 좋겠어

핵심문장
달달외우기

▶ 바라는 내용이 부정으로 「…가 아니었으면 좋겠다」라고 할 때는
▶ I hope 다음에 don't나 won't 등 부정의 문장을 넣어주면 된다.
▶ I think~의 경우와는 달리, I hope~는 '뒷문장을 부정문으로' 만든다.

I hope I'm not late again	또 늦은 게 아니라면 좋겠는데요
I hope I don't have to wait too long	
너무 오래 기다려야 하는 게 아니라면 좋겠어	
I hope it won't be too long	너무 오래 걸리지 않았으면 좋겠어
I hope she doesn't do that	걔가 그러지 않았으면 좋겠는데

네이티브처럼
말해보기

A: **You have a medical appointment today.** 오늘 병원 예약이 되어있지.

B: **I hope I don't have to wait too long.**
너무 오래 기다려야 하는 게 아니라면 좋겠는데.

A: **The ceremony will begin at 2:00p.m.** 식은 오후 2시에 시작됩니다.

B: **I hope it won't be too long.** 너무 오래 걸리지 않았으면 좋겠네요.

바로바로 CHECK!
I hope~ 다음에 다양한 부정문장을 넣어보자.

1. 걔가 다치지 않기를 바래 (get hurt)

2. 오늘 비가 내리지 않기를 바래 (rain today)

3. 걔가 감기에 걸리지 않길 바래 (come down with)

1. I hope that he doesn't get hurt 2. I hope that it's not going to rain today
3. I hope she's not coming down with a cold

I wonder~ …인지 궁금해

핵심문장
달달외우기

▶ 확실하지 않아 추측해볼 때 자주 쓰이는 동사가 바로 wonder이다.

▶ I wonder 뒤에는 '의문사+주어+동사' 혹은 '의문사+동사'(의문사가 동사의 주어)가 와 「…인지 궁금하다」라는 의미로 쓰인다.

I wonder who **they are**	그 사람들이 누굴까 (궁금해)
I wonder where **Joe is now**	조는 지금 어디 있을까
I wonder what **happened**	무슨 일이 일어난 건지 궁금해

I wonder how **many people will come**
사람들이 얼마나 올지 궁금하군

I wonder why **she[he] didn't tell me**
왜 걔는 나한테 말하지 않았을까

네이티브처럼
말해보기

A: Look at those funny costumes. I wonder who they are.
저 우스운 의상들 좀 봐. 쟤들이 누굴까 궁금하네.

B: I think they are high school drama students.
고등학교 연극반 애들이겠지.

A: I'm going to throw a party this Friday. 요번 주 금요일에 파티를 열 거야.

B: We have a test on Monday. I wonder how many people will come. 월요일에 시험이 있잖아. 몇명이나 올지 모르겠네.

바로바로 CHECK!
I wonder~ 다음에 다양한 의문사+주어+동사를 넣어보자.

1. 걔가 왜 나랑 헤어졌는지 모르겠어 (break up with)

2. 걔가 어디서 일하는지 궁금해 (work)

3. 그가 이번엔 어떻게 나올까? (be going to)

1. I wonder why he broke up with me 2. I wonder where he works
3. I wonder what he's going to do now?

I wonder if~ …인지 아닌지 모르겠어

핵심문장
달달외우기

▸ 앞의 경우 중에서 가장 많이 쓰이는 패턴으로 따로 독립해 알아본다.

▸ 'if'를 사용한 I wonder if 주어+동사는 「…인지 (아닌지) 모르겠다」는 뜻으로

▸ '주어+동사'자리에 내가 궁금해하는 내용을 말하면 된다.

I wonder if I did the right thing
내가 과연 옳은 일을 한 것인지 모르겠어

I wonder if he knows something
걔가 뭔가 알고 있는 걸까

I wonder if she had a good time
걔가 즐겁게 지냈는지 모르겠네

I wonder if you really like it
그게 정말 맘에 드는지 모르겠네

네이티브처럼
말해보기

A: Sandy is back from her date. 샌디가 데이트 하고 돌아왔어.

B: **I wonder if** she had a good time. 즐거운 시간 보냈는지 모르겠네.

A: **I wonder if** I did the right thing. 내가 옳은 일을 한 건지 모르겠네.

B: I'm sure you did. 분명 잘 한 거야.

바로바로 CHECK!
I wonder if~ 다음에 다양한 문장을 넣어보자.

1. **흡연 구역이 있을까?** (a smoking section)

2. **그가 우리에게 연락할까?** (call us)

3. **사장이 아직 내게 화나 있는지 모르겠어** (be angry with)

1. I wonder if there is a smoking section 2. I wonder if he's going to call us
3. I wonder if the boss is still angry with me

왕초보탈출패턴

153

I was wondering if you could~
…해주실래요?

핵심문장
달달외우기

- 「…해줄 수 있는지 모르겠네요」, 즉 「…좀 해주시겠어요?」라는 정중한 부탁.
- I was wondering~으로 과거의 형태이지만, '현재' 해줄 수 있는지 물어보고
- 있는 것으로 그냥 I wonder if you could…의 형태로도 사용된다.

I was wondering if you could help me
도와주시겠어요?

I was wondering if you could pick Andy up
앤디를 차로 데리러 가주실 수 있으세요?

I was wondering if you could give me a ride
저 좀 태워주시겠어요?

I was wondering if I could use your car
당신 차를 좀 써도 될른지요?

네이티브처럼
말해보기

A: **I was wondering if you could** pick Robin up.
로빈을 데리러 가줄 수 있니?

B: **Where is he right now?** 걔가 지금 어디 있는데?

A: **How do you plan to go to school?** 어떻게 등교하려고 해?

B: **I was wondering if I could** use your car.
네 차를 좀 써도 될른지 모르겠네.

바로바로 CHECK!
I was wondering if you could~ 다음에 다양한 동사를 넣어보자.

1. 맥스와 통화할 수 있을까요? (get in touch with)

2. 집까지 차 좀 얻어탈 수 있을까? (get a ride home)

3. 내일 쉬어도 돼요? (take tomorrow off)

1. I was wondering if I could get in touch with Max? 2. I was wondering if I could get a ride home
with you? 3. I was wondering if I could take tomorrow off

I used to~ 예전에 …했어

핵심문장
달달외우기

▶ 'used to+동사'는 예전에 정기적으로(regularly) 뭔가를 했다는 의미이다.
▶ '과거의 불규칙적인 습관'을 표현하려면 조동사 would를 사용하면 된다.
▶ 한편 「…에 익숙해지다」라는 be(get) used to+명사와 헷갈리지 않도록 한다.

I used to go there	예전에 거기 다녔다
I used to jog every day	예전에 매일 조깅을 했죠
She used to be his wife	그 여자는 예전에 그 사람 부인이었어

They used to work together
그 사람들은 예전에 같이 일했었어

He used to play baseball with Tim
걘 예전에 팀하고 야구를 하고 놀았지

네이티브처럼
말해보기

A: **I used to jog every day.** 예전에는 매일 조깅을 했지.
B: That's very healthy. Why did you stop?
그거 굉장히 건강에 좋지. 왜 그만둔 거야?

A: Does Tim know Jennifer very well? 팀은 제니퍼하고 아주 친해?
B: Sure. **They used to work together.**
그럼. 두 사람은 예전에 함께 일했었는걸.

바로바로 CHECK!
I used to~ 다음에 다양한 동사를 넣어보자.

1. 우린 학교를 빼먹곤 했어 (skip school)

2. 대학때 과음하곤 했어 (drink a lot)

3. 씨름은 예전에 더 인기있었지 (more popular)

1. We used to skip school together 2. I used to drink a lot in college
3. Ssireum used to be more popular

You look~ 너 …하게 보여

핵심문장
달달외우기

▶ look은 「보다」라는 능동적인 의미를 갖는 동사로 잘 알려져 있지만

▶ 겉으로 보이는 모습을 말할 때 「…하게 보이다」라는 의미로 쓰인다.

▶ 이때는 뒤에 형용사가 와 「너 …하게보여」, 「너 …인 것 같다」라는 뜻이 된다.

You look great	너 근사하다
He looks tired today	걔 오늘 피곤해 보이는데
She looks young for her age	걔 나이에 비해 어려 보여
You look angry	화가 난 것 같구나
You look very happy	굉장히 즐거워 보이는구나

네이티브처럼
말해보기

A: A lot of women envy her beauty.
그 여자 미모를 부러워하는 여자들이 많아.

B: That's because **she looks young** for her age.
나이에 비해 어려보여서 그런거지.

A: **He looks tired** today. 오늘 걔 피곤해보여.

B: He was out drinking with his friends all night.
친구들하고 나가서 밤새 술마셨대.

바로바로 CHECK!
You look~ 다음에 다양한 형용사를 넣어보자.

1. 너 좀 아파보여. 괜찮아? (kind of sick)

2. 심각해보이는데, 무슨 일 없는거지? (serious)

3. 누구시죠? 인상이 낯 익어서요 (familiar)

1. You look kind of sick. Are you all right? 2. You look serious. Is everything OK?
3. Do I know you? You look familiar

(Do) You mean~? …라는 말이지?

핵심문장
달달외우기

▶ 상대의 말을 제대로 이해했는지 확인할 때 쓰는 표현.

▶ 「…라는 말이죠?」라는 말로 문장 끝을 약간 올리면 된다.

▶ (Do) You mean~ 다음에는 문장/명사가 오는데 먼저 명사의 경우를 보자.

You mean the girl next door? 이웃집 여자애 말이야?

You mean the red one? 빨간 것 말이야?

You mean the new secretary? 새로 온 비서 말하는거야?

You mean the guy with blond hair?
금발머리 남자 말하는거야?

You mean the cat beside the window?
창가의 저 고양이 말이야?

네이티브처럼
말해보기

A: **You should wear that shirt to work today.** 오늘 저 셔츠 입고 출근해.

B: **You mean the red one?** 빨간 셔츠 말이야?

A: **The man sitting over there is my boss.**
저기 앉아 있는 사람이 우리 상사야.

B: **You mean the guy with blond hair?** 금발머리 남자 말이야?

바로바로 CHECK!
(Do) You mean~? 다음에 다양한 명사를 넣어보자.

1. 네 말은 너와 내가? (you and me)

2. 이렇게 하라는 거야? (like this)

3. 신입사원 말하는 거야? (the newcomer)

1. You mean, you and me? 2. You mean like this? 3. You mean the newcomer?

(Do) You mean 주어+동사? ···라는 말이지?

핵심문장
달달외우기

▶ 이번에는 (Do) You mean~ 다음에 주어+동사의 문장이 오는 경우로
▶ 다시 확인하고자 하는 내용이 한 개체가 아니고 어떤 사실일 때 사용한다.
▶ 역시 Do는 생략될 수 있다.

You mean you don't want to go?
그러니까 네 말은 가고 싶지 않다는거지?

You mean he got fired? 걔가 해고됐단 말이야?

You mean she's married? 그 여자가 유부녀란 말이야?

You mean you told her everything?
너 걔한테 다 얘기했단 말이야?

네이티브처럼
말해보기

A: Our manager told Ted that he had to leave.
매니저가 테드에게 그만두라고 했대.

B: **You mean** he got fired? 테드가 해고당했단 말이야?

A: Sorry, but you won't be able to date her.
안됐지만 넌 걔하고 데이트 못할거야.

B: **You mean** she's married? 걔가 유부녀란 뜻이야?

바로바로 CHECK!
(Do) You mean~? 다음에 다양한 문장을 넣어보자.

1. 그럼 지금 사귀는 사람이 없다는 말야? (see anyone)

2. 저녁 먹으러 못 온다는 말야? (come over)

3. 걔가 날 좋아할 지도 모른단 말야? (might)

1. So you mean now you're not seeing anyone? 2. Do you mean you won't be coming over for dinner?
3. You mean he might like me?

꿀꿀 왕초보달달패턴

158

I mean~ 내 말은 …

핵심문장
달달외우기

▸ 이번에는 반대로 내가 한 말을 상대방이 이해하지 못했을 때

▸ 혹은 내가 스스로 부연 설명이 필요하다고 생각이 들었을 때

▸ I mean~ 다음에 주어+동사의 문장을 넣으면 된다.

I mean I'm in love	그러니까 내 말은 내가 사랑에 빠졌다구
I mean I have no idea	내 말은, 모르겠다고
I mean he's a workaholic	내 얘긴 걔가 너무 일만 한단 말이지
I mean she's cute (pretty)	그러니까, 그 여자애가 예쁘다고

네이티브처럼
말해보기

A: I don't understand what you're saying. 무슨 얘기 하는 건지 모르겠어.

B: **I mean** I want you to help me. 그러니까 내 말은, 네가 도와줬으면 한다고.

A: Don't try to take care of me. **I mean,** I'm okay.
날 돌봐주려 애쓰지 마. 난 괜찮다니까.

B: Are you sure you're okay? 정말 괜찮아?

바로바로 CHECK!

I mean~ 다음에 다양한 문장을 넣어보자.

1. 내 말은 어느 나라 출신이냐고? (come from)

2. 네가 꽤나 게으르다는 거야 (pretty late)

3. 내 말은 너무 불공평하는 말야 (unfair)

1. I mean which country did you come from? 2. I mean that I think you are pretty lazy
3. I mean, this is so unfair!

Chapter 05_일반동사 177

Chapter **06**

의문사

왕초보탈출패턴 159-189

What is~? …가 뭐야?

핵심문장
달달외우기

▶ 의문사 what은 '무엇'인지를 정체를 물어볼 땐 사용하는 것으로
▶ What is your+명사?로 상대방의 궁금한 점 등을 물어볼 수 있다.
▶ 물론 What is~?는 What's~?로 축약되어 쓰이기도 한다.

What is your online chatroom ID?
인터넷 채팅방에서 네 아이디가 뭐야?

What is your cell phone number?
핸드폰 번호가 어떻게 돼요?

What is your favorite food?   좋아하는 음식이 뭐야?

What is your suggestion?   뭘 제안하는 거죠?

What is your e-mail address?   네 이메일 주소가 어떻게 돼?

A: Can you call me tomorrow morning? 내일 아침에 전화해줄래요?

B: Yeah. **What is** your phone number? 그러죠. 전화번호가 어떻게 되죠?

네이티브처럼
말해보기

A: **What is** your favorite food? 좋아하는 음식이 뭐야?

B: I like pizza with extra cheese and pepperoni.
피자를 좋아해. 치즈와 페퍼로니를 추가로 얹은 걸로.

바로바로 CHECK!
What is your~ ? 다음에 다양한 명사를 넣어보자.

1. 그 협의에 대한 네 의견은 뭐야? (your opinion of)

2. 문제가 뭐야? (your problem)

3. 그게 어째서?, 웬 야단?, 별일 아닌데? (the big deal)

1. What is your opinion of the agreement? 2. What is your problem? 3. What's the big deal?

What are you~ ? 지금 무엇을 …해?

핵심문장
달달외우기

▸ 의문사 What와 진행형 be+ ~ing이 결합한 패턴

▸ 그중 가장 대표적인 것은 What are you+ ~ing?형태로

▸ 상대방에게 「지금 무엇을 …하고 있는지」 물어보는 문장이다.

What are you looking for?	뭘 찾고 있어?
What are you doing here?	여기서 뭐하고 있는거야?
What are you going to do?	뭘 할 거야?[어떻게 할거야?]
What are you listening to?	뭘 듣고 있는거야?

네이티브처럼
말해보기

A: **What are you** looking for? 뭘 찾고 계시나요?

B: I need to find an umbrella. 우산을 사려구요.

A: **What are you** listening to? 뭘 듣고 있는 거야?

B: It's a CD of my favorite rock band. 내가 좋아하는 락밴드의 CD야.

바로바로 CHECK!

What are you~ ? 다음에 다양한 동사의 ~ing를 넣어보자.

1. 오늘 오후에 뭐해? (this afternoon)

2. 뭘 기다리는거야? (wait for)

3. 뭘 들래? (have)

1. What are you doing this afternoon? 2. What are you waiting for? 3. What are you going to have?

What do you~ ? 무엇을 …해?

핵심문장
달달외우기

▶ 이번에 What과 진행형이 아닌 일반동사 현재형과 결합한 것으로
▶ What do you+동사?는 상대방에게 「무엇을 …하냐?」고 물어보는 패턴이다.
▶ What do you mean?이나 What do you think of~?가 대표적인 표현이다.

What do you think of my new car?
내 새 차에 대해서 어떻게 생각해?

What do you mean?　　　　　무슨 소리야?

What do you call this flower?　이 꽃은 뭐라고 불러?

What do you do?　　　　　어떤 일을 하세요?[직업이 뭔가요?]

네이티브처럼
말해보기

A: **What do you** think of my new car? 내 새 차 어떻게 생각해?

B: Well, it looks great. 음, 근사해보이네.

A: I'm a teacher. **What do you** do? 전 교사예요. 무슨 일을 하세요?

B: I work as a computer salesman. 컴퓨터 판매원으로 일하고 있어요.

바로바로 CHECK!
What do you~ ? 다음에 다양한 동사를 넣어보자.

1. 이건 어때? (think of)

2. 지금 뭘 할거야? (want to)

3. 이게 무슨 짓이야, 너 정신 나갔냐? (do)

1. What do you think of this? 2. What do you want to do now? 3. What do you think you're doing?

왕초보탈출패턴

162

What can~? 무엇을 …할 수 있어?

핵심문장
달달외우기

▶ What과 조동사 can, should, would 등이 결합한 패턴으로

▶ 「내가(우리가) 뭘 …하지?」라는 의미의 What can I(we)~?,

▶ 「내가 어떻게 …하지?」라는 뜻의 What should I~? 등이 주로 많이 쓰인다.

What can I do for you?	무엇을 도와드릴까요?
What should I do?	내가 어떻게 해야 하는거지?
What should I tell her?	걔한테 뭐라고 말해야 하는거지?
What would you like?	뭘 드실래요?
What can we do for her?	우리가 걔한테 뭘 해줄 수 있겠어?

네이티브처럼
말해보기

A: **What can** I do for you? 무엇을 도와드릴까요?

B: Can I have a refund for this shirt? 이 셔츠 환불해주시겠어요?

A: My car won't start. **What should** I do?
자동차 시동이 안걸려. 어떻게 해야 하지?

B: Call a repair shop. 정비소에 전화해.

 바로바로 CHECK!
What can[should] I~ ? 다음에 다양한 동사를 넣어보자.

1. 뭘 주문하시겠습니까, 손님? (order for)

2. 오늘 밤 파티에 뭘 입고 가는 게 좋을까? (wear)

3. 뭘 추천할거야? (recommend)

1. What can I order for you, sir? 2. What should I wear to the party tonight?
3. What would you recommend?

What time~ ? 몇시에 …해?

핵심문장
달달외우기

▶ What time은 '언제'인지를 묻는 표현으로 When의 의미이다.
▶ 하지만 What time은 구체적인 시간을 물어볼 때 사용하는 표현.
▶ What time+be동사나 조동사+주어~?의 형태로 물어보면 된다.

What time is it now? 지금 몇시죠?

What time does the game start? 시합은 몇시에 시작해?

What time does the restaurant close?
식당은 몇시에 문을 닫아요?

What time is good for you? 몇시가 좋아요? (약속 정할 때)

What time did you come? 너 몇시에 왔어?

네이티브처럼
말해보기

A: **What time** does the game start? 시합은 몇시에 시작해?
B: It begins at 7 this evening. 오늘 저녁 7시에 시작해.

A: Let's meet again next week. 다음 주에 다시 만나죠.
B: That's fine. **What time** is good for you?
좋아요. 몇시가 좋으세요?

바로바로 CHECK!
What time is[do]+주어~? 다음에 다양한 동사를 넣어보자.

1. 영화가 언제 시작해? (start)

2. 몇 시가 괜찮아? (okay for)

3. 이 호텔은 몇 시까지 나가야 하나요? (check-out)

1. What time will the movie start? 2. What time is okay for you? 3. What time is your check-out?

What kind of~ ? 어떤 …을 …해?

핵심문장
달달외우기

▶ What kind of+명사~?의 형태로 '어떤 종류의 것'인지 물어보는 의문문.

▶ 앞의 What time처럼 What kind of+명사~?'를 한 덩어리로 생각해

▶ What kind of+명사 뒤에 be동사나 조동사+주어~?를 붙이면 된다.

What kind of food do you like?   어떤 음식을 좋아해?

What kind of car did you buy?   어떤 종류의 차를 샀어?

What kind of girl do you want to marry?
네가 결혼하고 싶은 건 어떤 여자야?

What kind of movies do you like?
넌 어떤 종류의 영화를 좋아해?

네이티브처럼
말해보기

A: **What kind of** girl do you want to marry? 어떤 여자하고 결혼하고 싶어?

B: I'd prefer a girl who is intelligent. 지적인 여자가 좋아.

A: I'm really sorry but I have to go to work. 미안하지만 일하러가야 돼요.

B: **What kind of** work do you do? 무슨 일 하는데요?

바로바로 CHECK!
What kind of+명사+be[do]~ ? 다음에 다양한 주어+동사를 넣어보자.

1. **어떤 종류의 영화를 좋아하니?** (kind of movies)

2. **어떤 아이스크림 먹을래?** (kind of ice cream)

3. **어떤 와인을 좋아해?** (kind of wine)

1. What kind of movies do you like? 2. What kind of ice cream are you having?
3. What kind of wine do you like?

165

What makes you~ ? 어째서 …하는거야?

핵심문장
달달외우기

▶ 「무엇이 너를 …하게 만들었니?」, 즉 「어째서 …하는 거니?」라는 의미.

▶ '무엇'을 의미하는 What으로 시작하지만, 실은 '원인'을 물어보는 문장이다.

▶ 과거행동을 물어볼 때는 What made you~?로 「어째서 …했니?」가 된다.

What makes you say so?   어째서 그렇게 말하는거니?

What makes you think you're right?
어째서 네가 옳다고 생각하는거야?

What makes you believe her lies?
어째서 걔가 하는 거짓말을 믿는거야?

What made you come here?   여긴 어쩐 일로 왔어요?

What made you quit your job?   어째서 일을 그만뒀어요?

네이티브처럼
말해보기

A: I have a feeling that Jill is going to quit her job.
질이 직장을 그만두려는 것 같아.

B: **What makes you say so?** 왜 그렇게 말하는 거야?

A: **What made you quit your job?** 어째서 일을 그만둔 거야?

B: I really hated to wake up early. 일찍 일어나기가 정말 싫더라구.

바로바로 CHECK!
What makes[made] you~ ? 다음에 다양한 동사를 넣어보자.

1. 왜 그렇게 생각해? (think so)

2. 그게 왜 이상하다고 생각하는 거야? (weird)

3. 왜 포기할 결심을 한거야? (give up)

1. What makes you think so? 2. What makes you think it's weird?
3. What made you decide to give up?

What brings you~ ? …에는 어쩐 일이야?

핵심문장
달달외우기

▶ 앞의 What makes you~?와 유사한 구문으로 유명한 패턴.

▶ 무엇이 「널 …로 오게 했니?」, 즉 「…에는 어쩐 일이냐」고 온 이유를 묻는다.

▶ 역시 과거행동을 물어볼 때는 What 'brought' you to+장소?를 쓰면 된다.

What brings you to my house?	우리 집엔 어쩐 일이야?
What brings you here?	여긴 어쩐 일이야?
What brings you to my office?	사무실엔 웬일로 왔어?
What brings you to New York?	뉴욕에는 어쩐 일이야?
What brought you to the US?	미국에는 어떻게 오게 됐어?
What brings you to the museum?	미술관에는 어쩐 일이야?

네이티브처럼
말해보기

A: **What brings you** to my house? 저희 집엔 어쩐 일로 오셨어요?

B: I was in your neighborhood and wanted to say hello.
이웃에 왔다가 인사나 나눌까 해서요.

A: **What brings you** to New York? 뉴욕에는 어떻게 왔어?

B: My company sent me here on a business trip.
회사에서 여기로 출장을 보냈어.

바로바로 CHECK!
What brings[brought] you to~? 다음에 다양한 장소명사를 넣어보자.

1. 병원엔 웬일이세요? (the doctor's office)

2. 경찰서엔 웬일이세요? (the police stations)

3. 카지노에 어쩐일이야? (the casino)

1. What brings you to the doctor's office today? 2. What brings you to the police stations?
3. What brought you to the casino?

When is~? …가 언제야?

핵심문장
달달외우기

▶ 시간(시기)를 물어볼 때는 의문사 When을 사용한 가장 단순한 패턴.

▶ 과거의 시기를 물어볼 때는 When was~?라고 하면 된다.

▶ When are you+~ing?하면 「넌 언제 …하느냐?」고 물어보는 문장이 된다.

When is your birthday? — 네 생일은 언제니?

When is the check-out time? — 체크아웃 시간이 언제야?

When is the report due? — 리포트는 언제까지야?

When was the last time you saw her?
갤 마지막으로 본 게 언제였어?

When are you going to meet him?
언제 그 남자를 만날 거야?

When are you coming home? — 언제 집에 와?

네이티브처럼
말해보기

A: **When is** the check-out time in this hotel?
이 호텔 체크아웃 시간은 언제예요?

B: It's at twelve o'clock on weekdays. 주중에는 12시입니다.

A: **When is** the report due? 리포트는 언제까지야?

B: You have to submit it by next week. 다음 주까지는 제출해야 돼.

바로바로 CHECK!
When is[was]~? 담에 명사를, When are you~? 다음에 동사의 ~ing를 넣어보자.

1. 나랑 얘기하는데 언제 시간이 좋아? (a good time)

2. 유럽으로는 언제 갈 건가요? (leave for)

3. 언제 휴가갈거야? (have a vacation)

1. When is a good time for you to talk to me? 2. When are you leaving for Europe?
3. When are you going to have a vacation?

When do ~? 언제 …을 …해?

핵심문장
달달외우기

▸ When과 일반동사가 결합하여 만드는 의문문으로
▸ When do you+동사? 혹은 When does+주어+동사?의 형태로 쓰인다.
▸ 과거행동을 물어보는 경우는 When did+주어+동사?로 쓰면 된다.

When does the movie start? 영화가 언제 시작되지?

When does the store open? 가게는 언제 열죠?

When do you leave? 언제 떠나?

When did you graduate from high school?
언제 고등학교를 졸업했니?

네이티브처럼
말해보기

A: **When does** the store open? 이 가게는 언제 여는 거야?

B: I think it will open at nine a.m. 오전 9시에는 열 것 같아.

A: **When did you** graduate from high school?
고등학교는 언제 졸업하셨어요?

B: I graduated about ten years ago. 한 10년쯤 전에 졸업했지.

바로바로 CHECK!
When do[does, did]+주어~? 다음에 다양한 동사를 넣어보자.

1. 언제 돌아올거야? (return)

2. 언제 결혼하고 싶은데? (get married)

3. 걔를 마지막으로 본 게 언제였죠? (see him last)

1. When do you want to return? 2. When do you want to get married? 3. When did you see him last?

When can~ ? 언제 …해?

핵심문장
달달외우기

▸ When과 조동사 can, will 등이 결합한 패턴.

▸ When can I(we)+동사?는 「언제 내가(우리가) …할 수 있냐?」고 물어보고

▸ When will you+동사?는 상대방에게 「언제 …할거냐?」라고 묻는 것이다.

When can I start?	언제 시작하면 돼?
When can I stop by?	내가 언제 들르면 돼?
When can we get together?	언제 만날까?
When will you make a decision?	언제 결정을 내릴 건가요?

네이티브처럼
말해보기

A: **When can** we get together to talk? 언제 만나서 얘기할까?

B: Let's meet for coffee on Monday. 월요일에 만나서 커피마시자.

A: I am not sure what to do about that.
그 일을 어떻게 처리해야 할지 모르겠어.

B: **When will** you make a decision? 언제쯤 결정을 내릴 건데?

바로바로 CHECK!
When can I/When will you~? 다음에 다양한 동사를 넣어보자.

1. 언제 부장님에게 말할 수 있어? (speak to)

2. 내가 언제 갈까? (come over)

3. 언제 준비될까? (be ready)

1. When can I speak to the manager? 2. When can I come over? 3. When will it be ready?

왕초보달출패턴

170

Where is ~ ? …가 어디야?

핵심문장
달달외우기

▶ Where는 '장소'를 물어볼 때 사용하는 의문사로

▶ Where is(are)+명사?하면 「…가 어디에 있냐」고 위치를 물어보는 것이고

▶ Where are you ~ing?하면 상대방이 「어디에서 …하는 지」를 물어보는 문장.

Where is **the rest room?** 화장실이 어디예요?

Where is **the nearest drugstore?**
제일 가까운 잡화점이 어디죠?

Where is **Karen now?** 캐런은 지금 어디 었어?

Where are you **going?** 어디 가?

Where were you? 너 어디 있었어?

Where is **the gas station?** 주유소가 어디예요?

네이티브처럼
말해보기

A: **Where is** the bathroom? 화장실이 어디예요?

B: It's down the hall and to your left. 복도를 따라가다 왼쪽에 있어요.

A: **Where are you** going? 어디 가니?

B: I want to take a walk around the park. 공원 근처에 산책하러 가려고.

바로바로 CHECK!
Where is~? 담에 명사를, Where are you ~? 담에 ~ing를 넣어보자.

1. 은행은 어디에 있죠? (the bank)

2. 가장 가까운 우체국이 어딥니까? (the nearest post office)

3. 점심 먹으러 저를 어디로 데려가시는 거죠? (take~ for lunch)

1. Where is the bank? 2. Where is the nearest post office? 3. Where are you taking me for lunch?

Where do~? 어디에서 …해?

핵심문장
달달외우기

▶ Where과 일반동사가 결합된 의문문 패턴으로

▶ Where do you+동사?하면 「넌 어디에서 …해?」라는 뜻이 되고

▶ Where did you+동사?하게 되면 과거에 「넌 어디에서 …했어?」라고 말.

Where do you live now?   너 지금 어디 살아?

Where do you want to stop for breakfast?
아침 먹으러 어디에 들르면 좋겠어?

Where did you buy this sweater?   이 스웨터 어디서 샀어?

Where did you see him?   걔를 어디서 봤어?

네이티브처럼
말해보기

A: **Where do you** want to stop for breakfast?
아침 먹으러 어디 들르면 좋겠어?

B: Let's go to a pancake restaurant. 팬케익 파는 식당에 가자.

A: **Where did you** buy this sweater? 이 스웨터 어디서 샀어?

B: I got it on sale at a department store.
백화점에서 염가판매하는 걸 샀어.

바로바로 CHECK!
Where do[did] you~ ? 다음에 다양한 동사를 넣어보자.

1. 어디 가려고? (want to)

2. 너 그 얘기 어디서 들었니? (hear that)

3. 어디서 그걸 찾았어? (find it)

1. Where do you want to go?   2. Where did you hear that?   3. Where did you find it?

Where can~? 어디서 …할 수 있어?

핵심문장
달달외우기

▸ Where과 조동사 can, should의 결합된 경우로

▸ Where can I+동사?는 내가 「어디에서 …할 수 있냐?」라고 물어보는 것이고

▸ Where should I+동사?는 내가 「어디에서 …해야 하냐?」고 물어보는 문장.

Where can I find shoes?	신발은 어디 있어요?
Where can I meet you?	어디서 만날까?
Where can I put this package?	이 소포 어디다 놓을까?
Where should we go?	우리, 어디로 가야 하지?

네이티브처럼
말해보기

A: **Where can** I find shoes? 신발은 어디서 팔아요?

B: They are at the end of this aisle. 이 통로 끝에서요.

A: We can take a vacation together this summer.
올 여름에 휴가여행을 같이 가자.

B: **Where should** we go? 어디로 가지?

바로바로 CHECK!
Where can[should] I~? 다음에 다양한 동사를 넣어보자.

1. 생일파티 어디서 할까? (my birthday party)

2. 걔에게 연락하려면 어디로 해야지? (reach)

3. 점심 어디 가서 먹을까? (eat lunch)

1. Where can I go for my birthday party?   2. Where can I reach him?
3. Where should we go to eat lunch?

왕초보달좀패턴
173

Who is~? …가 누구야?

핵심문장
달달외우기

▶ who는 '누구'라는 의미로 다른 의문사에 비해 주어로 쓰이는 경우가 훨씬 많다.
▶ Who is+명사?는 「…가 누구냐?」라는 의미이고
▶ Who is ~ing?하면 「누가 …해?」라는 문장이 된다.

Who is your favorite singer?	좋아하는 가수가 누구야?
Who is it?	누구세요? (밖에 누가 왔을 때)
Who is calling, please?	전화하는 분은 누구세요?
Who is next in line?	다음 분은 누구죠? (고객들에게)
Who is in charge of customer service?	
고객 서비스를 담당하는 분은 누구죠?	
Who is winning the game?	누가[어느 팀이] 이기고 있어?

네이티브처럼
말해보기

A: I need to speak to Professor Kimberly.
킴벌리 교수님하고 통화해야 하는데요.

B: She is busy right now. **Who is** calling, please?
교수님은 지금 바쁘세요. 누구신데요?

A: **Who is** in charge of customer service? 고객 서비스를 담당하는 분이 누구죠?

B: You need to talk to Ms. Kane. 케인 씨하고 말씀하셔야겠네요.

바로바로 CHECK!
Who is~? 다음에 다양한 명사나 ~ing를 넣어보자.

1. 네 부서장이 누구야? (the head of)

2. 나하고 같이 갈 사람? (come with)

3. 누구 전화야?, 누구예요? (on the phone)

1. Who is the head of your department? 2. Who's coming with me? 3. Who's on the phone?

194 맨처음 패턴영어

Who's going to~? 누가 …할거야?

핵심문장
달달외우기

▶ Who와 be going to가 결합한 패턴으로
▶ 앞으로 「누가 …할 것인지」를 물어보는 문장이다.
▶ Who is going to~는 아예 한 덩어리로 외워둔다.

Who is going to help her? 그 여자를 누가 도와줄 거지?

Who's going to pick us up at the airport?
누가 공항으로 우릴 데리러 오죠?

Who's going to pay for dinner? 누가 저녁식사를 내나요?

Who is going to fix this bicycle? 이 자전거는 누가 고칠 거지?

네이티브처럼
말해보기

A: **Who's going to** help her? 누가 걔를 도와줄 거지?

B: I will. Where is she now? 내가 도울게. 그런데 걘 지금 어딨어?

A: **Who's going to** pick us up at the airport?
누가 공항으로 우릴 데리러 오지?

B: Well… we'll have to take a shuttle bus.
그게…우린 셔틀버스를 타야 할거야.

바로바로 CHECK!
Who is going to~? 다음에 다양한 동사를 넣어보자.

1. **누가 이거 처리할거야?** (take care of)

2. **누가 이걸 지불할거야?** (pay for)

3. **누가 이 문제를 해결할거야?** (solve the problem)

1. Who's going to take care of this? 2. Who's going to pay for this?
3. Who's going to solve the problem?

Who did you~? 누가 …했어?

핵심문장
달달외우기

▶ 과거의 어떤 행동을 누가 했는지를 물어보는 문장으로

▶ Who did you+동사? 형태로 「누가 …을 했어?」라고 하면 된다.

▶ Who did you는 한덩어리로 발음하고 난 다음에 다양한 동사를 넘어보자.

Who did you have lunch with?   누구랑 같이 점심 먹었어?

Who did you sell your car to?   차를 누구에게 팔았어?

Who did you sit next to at the party?
그 파티에서 누구 옆에 앉아있었어?

Who did you send that e-mail to?
그 이메일은 누구에게 보낸거야?

네이티브처럼
말해보기

A: **Who did you have lunch with?** 점심 누구랑 같이 먹은 거야?

B: Mr. Bickerman, one of our biggest clients.
비커맨 씨라고, 중요한 고객이야.

A: **Who did you sell your car to?** 차를 누구에게 팔았어?

B: A student at my school bought it.
우리 학교 학생 한 명이 샀어.

바로바로 CHECK!
Who did you~? 다음에 다양한 동사를 넣어보자.

1. 지난 밤에 누구랑 데이트했어? (go out with)

2. 누구랑 얘기하려고 했어? (speak to)

3. 어떤 사람한테 주문했죠? (order)

1. Who did you go out with last night?   2. Who did you want to speak to?
3. Who did you order it from?

Why do you~? 왜 …해?

핵심문장
달달외우기

▸ Why는 '이유'를 물어보는 대표적인 의문사로
▸ 상대방 언행의 원인을 물어볼 때 사용한다.
▸ 과거의 행동에 대한 이유를 물어볼 때는 Why did you+동사?로 쓴다.

Why do you think so?   왜 그렇게 생각하는거야?

Why were you absent yesterday?   어제 왜 결석했어?

Why do you get up so early these days?
요즘 왜 그렇게 일찍 일어나니?

Why did you go to New York?   뉴욕에는 왜 갔던거야?

네이티브처럼
말해보기

A: **Why were you** absent yesterday? 어제 왜 결석했지?

B: My mother was sick and we went to the hospital.
어머니가 아프셔서 병원에 갔었거든요.

A: **Why do you** get up so early these days?
요즘 왜 그렇게 일찍 일어나니?

B: I exercise before going to work. 출근하기 전에 운동을 하거든.

바로바로 CHECK!
Why do you~? 다음에 다양한 동사를 넣어보자.

1. 왜 그렇게 슬퍼보여? (look so sad)

2. 넌 왜 걔랑 헤어져야 돼? (break up with)

3. 어째서요? (say that)

1. Why do you look so sad? 2. Why do you have to break up with her? 3. Why do you say that?

Why don't you~? …하자

핵심문장
달달외우기

▶ Why don't you+동사?는 이유가 아니라 제안하는 표현으로
▶ 「…하지 그래?」, 「…하는 게 어때?」라는 의미이다.
▶ Why don't we+동사?를 쓰면 「우리 …하자」고 역시 제안하는 표현이 된다.

Why don't you rent a car?	차를 임대하지 그래?
Why don't you try it on?	그거 입어봐
Why don't you go by train?	기차를 타고 가렴
Why don't we go for a drive?	우리 드라이브 가자
Why don't we have lunch?	우리 점심 먹을까?

네이티브처럼
말해보기

A: Do you think this shirt will fit me? 이 셔츠 나한테 어울릴 것 같아?
B: **Why don't you** try it on? 한번 입어보지 그래?
A: **Why don't we** go for a drive? 우리 드라이브 갈까?
B: That's a great idea. I'm a little bored. 그거 좋은 생각이야. 좀 따분했는데.

바로바로 CHECK!
Why don't you[we]~? 다음에 다양한 동사를 넣어보자.

1. **나 좀 도와주라** (give me a hand)

2. **한번 해봐** (try it)

3. **걔에게 전화해봐** (give him a call)

1. Why don't you give me a hand? 2. Why don't you try it? 3. Why don't you give him a call?

왕초보탈출패턴

178

How is~? …가 어때?

핵심문장
달달외우기

▸ How is+명사?는 명사가 어떤지 그 상태를 물어보는 패턴으로

▸ 과거에 어땠는지를 물어보려면 How was+명사? 형태를 쓰면 된다.

▸ 또한 How is는 일상생활영어에서 How's 로 축약되어 많이 쓰인다.

How was your trip?	여행은 어땠니?
How are you?	어떻게 지내? (안부인사)
How is your cold?	감기는 좀 어때?
How was your summer vacation?	여름방학은 어땠어?
How was the concert last night?	어젯밤 콘서트는 어땠어?

네이티브처럼
말해보기

A: **How is your** cold? 감기는 좀 어때?

B: It's not bad. I'm starting to feel better.
그리 나쁘지 않아. 점차 나아지고 있어.

A: **How was your** summer vacation? 여름 휴가는 어땠어?

B: Great! We traveled to eight countries in Europe.
끝내줬지! 유럽 8개국을 돌아다녔다구.

바로바로 CHECK!
How is[was]~? 다음에 다양한 명사를 넣어보자.

1. 어떻게 그럴 수가 있지? (possible)

2. 영업하는 일이 어때? (as a salesman)

3. 스페인 여행이 어땠어? (trip to)

1. How is that possible? 2. How is your job as a salesman? 3. How was your trip to Spain?

How do you~? 어떻게 …해?

핵심문장
달달외우기

▸ How와 일반동사가 결합되어 만드는 패턴들로
▸ How do you like+명사?는 「…가 어때?」라고 물어보는 대표적인 문장이고
▸ 또한 How do I(you)+동사?는 「…을 어떻게 해?」라며 물어보는 구문이다.

How do you like my plan?	내 계획 어때?
How do you like your new job?	새 직장은 어때[새 일은 어때]?
How do I get to the airport?	공항까지 어떻게 가나요?
How do I turn on the stereo?	이 스테레오는 어떻게 켜는거야?
How do you say that in English?	그걸 영어로는 어떻게 말해?

네이티브처럼
말해보기

A: **How do you** like your new job? 새 직장은 어때?
B: It's stressful. I don't enjoy it. 스트레스가 심해. 일이 즐겁지가 않군.

A: **How do I** turn on the stereo? 이 스테레오는 어떻게 켜는거예요?
B: Press the round button. That turns on the power.
둥근 버튼을 누르세요. 그러면 전원이 들어와요.

바로바로 CHECK!
How do you~ ? 다음에 다양한 동사를 넣어보자.

1. 내 모습이 어때? (look)

2. 새로 산 차 어때? (new car)

3. 어떻게 서로 알아? (each other)

1. How do I look? 2. How do you like your new car? 3. How do you know each other?

How about~ ? …하는 건 어때?

핵심문장
달달외우기

▸ How about~?은 상대방에게 뭔가 제안하거나 상대 의향을 물어보는 것으로
▸ How about 다음에 간단히 명사를 넣거나 아니면 동사의 ~ing을 붙이면 된다.
▸ 또한 좀 낯설지만 How about 다음에 바로 주어+동사를 붙여도 된다.

How about **another cup of coffee?**
커피 한잔 더 어때요?

How about **tomorrow evening?**　내일 저녁은 어때?

How about **you?**　넌[네 생각은] 어때?

How about **going out for dinner?**　저녁먹으러 나가는 건 어때?

네이티브처럼
말해보기

A: **When can we meet each other?** 우리 언제 만날까요?

B: **How about** tomorrow evening? I'm free.
내일 저녁 어때요? 난 한가한데.

A: **What time would you like to meet tomorrow?**
내일 언제 만날까?

B: **Let's see, how about** four o'clock? 보자. 4시 어때?

바로바로 CHECK!
How about~ ? 다음에 다양한 명사/~ing/문장을 넣어보자.

1. 집에 데려다 줄까? (give ~ a ride)

2. 내일 저녁 저녁먹자고 (dinner)

3. 피터에게 돈 빌려달라고 해봐? (ask~ to)

1. How about I give you a ride home? 2. How about dinner tomorrow night?
3. How about asking Peter to lend you some money?

How many~ ? 얼마나 많이…?

핵심문장
달달외우기

▶ 수나 양이 얼마나 되는지 물어볼 때는 How many나 How much를 쓴다.

▶ 그중 How many는 셀 수 있는 명사의 '수'를 물어볼 때 사용한다.

▶ 아래 첫예문처럼 How many+명사 자체가 주어로 쓰일 수도 있다.

How many people came to the party?
얼마나 많은 사람들이(즉, 몇명이나) 파티에 왔니?

How many languages do you speak?
몇개국어를 하세요?

How many bathrooms does this house have?
이 집엔 욕실이 몇개예요?

How many times have you been to New York?
뉴욕엔 몇번이나 가봤어요?

How many fish did you catch? 물고기를 몇마리나 잡았어?

네이티브처럼
말해보기

A: **How many** languages can you speak? 몇개국어나 하세요?

B: I can speak English and Korean. 영어와 한국어를 할 줄 알아요.

A: **How many** times have you been to Hollywood?
헐리우드엔 몇번이나 가봤어?

B: I've been there twice. 두번 가봤어.

바로바로 CHECK!
How many+명사+do[have]~ 다음에 다양한 주어+동사를 넣어보자.

1. 도대체 몇번을 말해야 알겠어? (have to tell)

2. 강남역까지 몇 정거장입니까? (stops)

3. 부치실 짐이 몇 개죠? (check in)

1. How many times do I have to tell you?   2. How many stops are there to Kangnam Station?

3. How many pieces of luggage are you checking in?

How much~ ? 얼마나…?

핵심문장
달달외우기

▸ How much~ 로 셀 수 없는 명사의 '양'을 물어보는 패턴

▸ How much+명사~? 형태로 혹은 How much~? 단독으로 쓰이기도 한다.

▸ 가장 간단한 How much is+명사?는 「…의 가격이 얼마냐?」는 문장.

How much time will it take?	시간이 얼마나 걸릴까?
How much are these bananas?	바나나가 얼마예요?
How much do you pay a month?	한달에 (요금 등을) 얼마나 내?
How much did it cost?	그거 사는데 얼마나 들었어?

네이티브처럼
말해보기

A: **How much** time will it take to get there?
거기 가는 데 시간이 어느 정도 걸려?

B: About 5 or 10 minutes? It's not very far.
한 5분이나 10분쯤? 그리 멀지 않아.

A: **How much** do I owe you? 얼마예요?

B: That will be fifty-five dollars. 55 달러예요.

바로바로 CHECK!
How much do[will]~?사 다음에 다양한 주어+동사를 넣어보자.

1. (식당, 가게 등) 얼마를 내면 되죠? (owe)

2. 운송비는 얼마죠? (the delivery)

3. 요금이 얼마죠? (the fare)

1. How much do I owe you? 2. How much is the delivery? 3. How much is the fare?

How often~? 얼마나 자주…?

핵심문장
달달외우기

▸ How 뒤에 often, long, far, soon 등의 부사를 붙여서 패턴을 만드는데

▸ How often~ 다음에 바로 be+명사가 나와 '명사'가 어떤지를 물어보거나

▸ How often~ 다음에 do(have, will)+주어+동사를 붙여도 된다.

How far is the nearest bus stop?
제일 가까운 버스정류장이 얼마나 멀어?

How old is the car you bought?
네가 산 차, 얼마나 오래된 거야?

How long have you been in Korea?
한국에 계신지 얼마나 됐어요?

How soon will you return to the US?
언제쯤 미국으로 돌아갈 거야?

네이티브처럼
말해보기

A: **How often** do you play Lineage? 얼마나 자주 리니지를 해?

B: I used to play every day, but these days, I don't play at all.
예전에는 매일 했는데 요즘에는 전혀 안해.

A: **How long** have you been in Korea? 한국에 계신 지 얼마나 됐어요?

B: I've been here for about three years. 3년 정도 있었네요.

바로바로 CHECK!
How often[soon]~? 다음에 다양한 be+명사나 조동사+주어+동사를 넣어보자.

1. 카지노에 얼마나 자주 가니? (go to)

2. 여기서 얼마나 멀어? (from here)

3. 이거 고치는데 얼마나 걸릴까? (fix it)

1. How often do you go to the Casino? 2. How far is it from here?
3. How long will it take to fix it?

Which~? 어떤 것이…?

핵심문장
달달외우기

▶ Which는 「어느 것」, 「어느 쪽」이라는 뜻을 갖는 '선택' 의문사.

▶ Which 또는 Which+명사가 주어로 쓰여 Which(+명사)+동사~?로 쓰인다.

▶ Which(+명사)+do+주어+동사?의 형태로 쓰이기도 한다.

Which train goes to L.A.? 어느 기차가 LA까지 가나요?

Which part was the funniest? 어느 부분이 제일 재미있었어?

Which scarf do you prefer? 스카프 어느 게 좋아?

Which is on sale? 어느 게 세일하는 거예요?

Which do you want to see next?
다음으로는 어느 걸 보고 싶어?

Which is the shortest (way) to the station?
역까지 제일 빠른 길이 어느 쪽이야?

네이티브처럼
말해보기

A: **Which** swimsuit do you prefer? 어떤 수영복이 좋아?

B: I think the polka dot bikini is pretty.
물방울 무늬 비키니가 예쁜 것 같은데.

A: I loved the new Jackie Chan movie. 성룡 나오는 새 영화 진짜 재밌어.

B: **Which** part was the funniest? 어느 부분이 제일 재밌었어?

바로바로 CHECK!
Which[Which+명사]+(조동사+주어+)~? 다음에 다양한 동사를 넣어보자.

1. 화장실이 어느 쪽예요? (the bathroom)

2. 어느 편이 더 좋을까요? (be better)

3. 어떤 비행편을 이용하실 거죠? (take)

1. Which way is the bathroom? 2. Which do you think is better? 3. Which flight are you going to take?

Which+(대)명사~? 어떤 …?

핵심문장
달달외우기

▶ 상대방 말을 확인못했을 경우 어떤 것인지 확인할 때 쓰는 것으로
▶ 거두절미하고 간단히 'Which +명사?' 꼴을 활용하면 된다.
▶ 명사를 다시 언급하지 않으려면 그저 간단히 Which one?이라고 해도 된다.

Which girl?	어느 여자애?
Which one?	어떤 거 말야?
Which way?	어느 길[방법] 말인가요?
Which drink?	어떤 술[음료]?

네이티브처럼
말해보기

A: Wow, that girl is really beautiful. 이야, 저 여자애 진짜 예쁘다.
B: **Which** girl? I don't see her. 어떤 여자애? 안보이는데.
A: I like that green shirt. 저 녹색 셔츠 맘에 들어.
B: **Which** one? 어떤 거 말야?

바로바로 CHECK!
Which~? 다음에 다양한 명사를 넣어보자.

1. 어떤 표시? (signs)

2. 어떤 색깔? (color)

3. 어느 편[쪽]? (side)

1. Which signs? 2. Which color? 3. Which side?

Which~, A or B? 둘 중 어느 것이 더…?

핵심문장
달달외우기

▸ Which 문장 안에 선택대상 2개를 말하며 상대에서 선택하라고는 것으로

▸ Which(+명사) do you prefer, A or B?는 어느 것을 더 좋아하냐고,

▸ Which is+비교급, A or B? 역시 둘 중 「어느 것이 더 …하냐?」고 물어보는 것.

Which do you prefer, the black one **or** the red one?
어느 게 더 좋아, 까만 것과 빨간 것 중에서?

Which bag do you prefer, this one **or** that one?
이것과 저것 중 어느 가방이 더 좋아?

Which one is cheaper, this one **or** that one?
이것과 저것 중 어느 게 더 싸요?

Which is better, buying a car **or** saving money?
차를 사는 것과 저축하는 것 중 어느 게 더 나을까?

Which is lighter, the Italian red **or** the French red?
이탈리안 레드와 프렌치 레드 중 어느 색이 더 밝아요?

네이티브처럼
말해보기

A: **Which** is better, buying a car **or** saving money? 차구입과 저축, 뭐가 나을까?

B: **Which** do you want more? 어느 쪽이 더 하고 싶어?

A: How much does it cost? 이건 얼마죠?

B: **Which** one, the black one **or** the white one? 검은 색이요, 아님 흰 색이요?

바로바로 CHECK!
Which~ or~ ? 다음에 두가지를 비교해보자.

1. 결혼과 싱글 중 어떤 게 좋아? (being single)

2. 이태리 아니면 멕시코 음식이 좋아?(prefer to)

3. 쿠어스 라이트하고 밀러 라이트 중 어떤게 더 맛나?(taste better)

1. Which is better, getting married or being single? 2. Which do you prefer to have, Italian or Mexican food? 3. Which do you think tastes better, Coors Light or Miller Light? Chapter 06_의문사

Can you tell me~ ? …을 말해줄래?

핵심문장
달달외우기

▶ Can you tell me~?는 「나에게 …을 말해줄래?」라는 의미로

▶ Can you tell me 다음에는 다양한 의문사절이나 명사가 올 수 있는데

▶ 일단 …을 말해달라고하는 Can you tell me+명사? 형태를 알아본다.

Can you tell me some details?	자세한 얘기를 좀 해줄래요?
Can you tell me your name?	이름을 말씀해 주시겠어요?
Can you tell me the address of that website?	
그 웹사이트 주소를 말씀해 주시겠어요?	
Can you tell me the way to the YMCA?	
YMCA로 가는 길을 말해 줄래요?	

네이티브처럼
말해보기

A: I have some real estate you should look at.
살펴보셔야 할 부동산을 좀 갖고 있는데요.

B: **Can you tell me some details about it?** 자세하게 얘기해 보실래요?

A: **Can you tell me the way to the Museum?** 박물관가는 길 좀 알려주세요?

B: Just go two blocks and turn right.
두 블럭 내려가서 오른쪽 돌기만 하면 돼요.

바로바로 CHECK!
Can you tell me~ ? 다음에 다양한 명사를 넣어보자.

1. 네 의견을 말해줄래? (tell me)

2. 성공의 비밀을 말해줄래? (the secret)

3. 오늘 스페셜이 뭔지 알려줄래요? (the specials of the day)

1. Can you tell me your opinion? 2. Can you tell me the secret to being successful?
3. Can you tell me about the specials of the day?

핵심문장
달달외우기

Can you tell me what~? …을 말해줄래요?

▶ Can you tell me 닮에 what/when/how절이 붙는 경우로

▶ 의문문 자체가 tell처럼 동사의 목적절로 주어와 동사가 도치되지 않는다.

▶ 또한 Can 대신에 Would나 Could를 쓰기도 한다.

Can you tell me when the sale ends?
세일이 언제 끝나는지 말씀해주실래요?

Can you tell me what time is good for you?
언제가 좋은지 말해줄래요?

Can you tell me what happened? 무슨 일인지 말해줄래요?

Can you tell me how to get to the museum?
박물관으로 가려면 어떻게 가야 하나요?

Can you tell me how you feel? 기분이 어떤지 말해줄래요?

Can you tell me what you need? 뭐가 필요한지 말해줄래?

네이티브처럼
말해보기

A: Will you go grocery shopping for me? 식품점에 좀 다녀와줄래?

B: **Can you tell me what** you need? 뭐가 필요한데?

A: **Can you tell me how to** get to Yankee Stadium?
양키 스타디움으로 가려면 어떻게 가야 하는지 말씀해주실래요?

B: Sure. Catch the 87 bus across the street. 길 건너에서 87번 버스를 타세요.

바로바로 CHECK!
Can you tell me what/when/how~? 다음에 다양한 문장을 넣어보자.

1. 무슨 일이 있었는지 말해줄래? (what happened)

2. 세일이 언제 끝나는지 알려줄래요? (the sale ends)

3. 힐튼호텔에 어떻게 가는지 알려줄래요? (get to)

---

1. Can you tell me what happened? 2. Can you tell me when the sale ends?
3. Can you tell me how to get to the Hilton Hotel?

Can you tell me where~?
…가 어디인지 말해줄래요?

핵심문장
달달외우기

▶ Can you tell me 다음에 where, who, why, if가 붙어나오는 경우로

▶ 'if+주어+동사' 형태의 if절이 붙으면 「…인지 아닌지」 말해달라는 패턴.

▶ 또한 Can you you tell me why? 처럼 의문사만 달랑 붙여도 된다.

Can you tell me where the gas station is?
주유소가 어디인지 말해줄래요?

Can you tell me where I can find stationery?
문구류는 어디서 파는지 말해줄래요?

Can you tell me who's there please?
누구신지요?(문밖에 누가 왔을 때)

Can you tell me if he's alright?   걔가 괜찮은지 말해줄래요?

Can you tell me why she[he] is angry?
그분이 왜 화난 건지 말해줄래요?

네이티브처럼
말해보기

A: **Can you tell me where** the gas station is? 주유소가 어디예요?

B: Oh, it's over there. Can you see its sign? 바로 저기예요. 간판 보이죠?

A: **Could you tell me where** the museum is? 박물관이 어딘지 알려줄래요?

B: Turn left at the first traffic light. You'll see it.
첫번째 신호등에서 좌회전해요. 바로 보일거예요.

바로바로 CHECK!
Can you tell me where/who/why/if~ ? 다음에 다양한 문장을 넣어보자.

1. 서점이 어디에 있나요? (the bookstore)

2. 여행 기간 동안 어디에 계실 건가요? (be going to stay)

3. 게이트 K가 어딘지 알려줄래요? (gate K)

1. Can you tell me where the bookstore is? 2. Can you tell me where you're going to stay?
3. Could you tell me where gate K is?

Chapter 07

기타

왕초보탈출패턴 190-211

Thank you for~ …해서 고마워

핵심문장
달달외우기

▶ 단독으로 Thank you(Thanks)라고 해도 되지만 감사한 이유를 말할 때는
▶ Thank you for+명사/~ing을 쓰거나 혹은
▶ Thanks for+명사/~ing 패턴을 사용하면 된다.

Thank you for **calling**	전화해줘서 고마워
Thank you for **your help**	도움 감사해요
Thank you for **the ride**	태워다 줘서 고마워요
Thank you for **understanding**	이해해줘서 고마워요
Thank you for **the present**	선물 고마워

네이티브처럼
말해보기

A: **Thank you for** the great meal. 맛있는 식사, 고마워요.

B: I'm glad you enjoyed it. 맛있게 드셨다니 기뻐요.

A: **Thank you for** the ride. 태워다 줘서 고마워요.

B: You're welcome, I was going this way anyway.
천만에요, 어차피 이 길로 갈 거였어요.

바로바로 CHECK!
Thank you[Thanks] for~ 다음에 다양한 명사 혹은 ~ing를 넣어보자.

1. 병원에 와줘서 고마워 (in the hospital)

2. 수고해줘서 고마워 (your trouble)

3. 사실을 말해줘서 고마워 (tell me the truth)

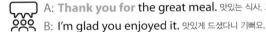

1. Thank you for visiting me in the hospital 2. Thank you for your trouble
3. Thank you for telling me the truth

191 I appreciate~ …가 고마워

핵심문장
달달외우기

▶ appreciate 역시 고맙거나 감사할 때 쓰는 단어로

▶ I appreciate 다음에 바로 명사가 와서 「…가 고맙다」는 패턴이 된다.

▶ I'd appreciate it if you could+V는 「…해주시면 고맙겠어요」라는 부탁표현.

I appreciate that	그거 고마워
I appreciate the suggestion	제안해주신 것 감사합니다
I'd appreciate it if you would let me know 알려주시면 고맙겠어요	
I appreciate your help	도움 감사해요

네이티브처럼
말해보기

A: Don't worry. I'll get it done for you. 걱정마. 널 위해 해낼테니까 말야.

B: **I appreciate** your help. 도와줘서 고마워.

A: **I'd appreciate it if you could** bring an appetizer.
전채요리를 가져다 주시면 감사하겠습니다

B: Is there anything else you need? 다른 것 또 필요한 게 있으세요?

바로바로 CHECK!
I appreciate~ 다음에 다양한 문장을 넣어보자.

1. **노고에 감사드려요** (hard work)

2. **네가 해준 모든 거에 고마워** (everything you did)

3. **문 좀 열어주시면 감사하겠습니다** (open the door for)

1. I appreciate your hard work 2. I appreciate everything you did
3. I'd appreciate it if you could open the door for me

Excuse me ~   실례지만 …

핵심문장
달달외우기

▶ Excuse me는 우리말 「실례합니다」에 해당하는 표현으로

▶ 상대의 주의를 끌거나 가벼운 실례를 범했을 때 사용하는 패턴이다.

▶ Excuse me?처럼 올려 말하면 「뭐라고 하셨죠?」로 I'm sorry?와 같은 의미.

Excuse me. Can I talk to you?   실례지만 잠깐 얘기 좀 할까요?

Oh, excuse me. I stepped on your foot 어. 죄송. 발을 밟았네요

Excuse me for a second. I'll be right back
잠깐 실례해요. 곧 돌아올게요

Excuse me, coming through   실례지만 지나갈게요

Excuse me. Is this the way to the airport?
실례해요. 이 길. 공항가는 길 맞나요?

Excuse me. Where can I buy stamps?
실례해요. 우표는 어디서 사야 되죠?

네이티브처럼
말해보기

A: **Excuse me** for a second. I'll be right back. 잠깐 실례할게. 곧 돌아올거야.

B: Take your time. 천천히 갔다 와.

A: **Excuse me.** Where can I buy stamps? 실례지만 우표는 어디서 사야 되죠?

B: There's a post office around the corner. 길모퉁이에 우체국이 있어요.

바로바로 CHECK!
Excuse me~ 다음에 다양한 문장을 넣어보자.

1. 실례합니다. 제가 길을 잃은 것 같아요 (be lost)

2. 죄송합니다. 뭐라고 하셨죠? (say)

3. 실례지만 이 옷 얼마예요? (this dress)

1. Excuse me, I think I'm lost 2. Excuse me, what did you say?
3. Excuse me, how much is this dress?

Please excuse~ …을 양해해주세요

핵심문장
달달외우기

▶ Please excuse+명사는 …을 양해하거나 이해해달라고 말하는 것으로

▶ 특히 Please excuse me(us) (for a moment) 형태가 많이 쓰인다.

▶ 또한 Please excuse A for B는 A가 B한 것을 양해(용서)해 달라는 의미.

Please excuse us 잠깐 자리 좀 비켜주세요, 우리 실례 좀 할게요

Please excuse my bad handwriting
글씨를 못 썼는데, 양해해 주세요

Please excuse my broken English
영어가 서툴러도 이해해 주세요

Please excuse Lisa for being absent
리사가 결석하게 되어 죄송합니다

네이티브처럼
말해보기

A: I'm sorry, I can't understand what you said.
미안하지만 무슨 말인지 모르겠어.

B: **Please excuse** my broken English.
영어가 서툴러서 그러는데 이해해 줘.

A: **Please excuse us** for a moment. 잠깐 자리 좀 비켜주세요.

B: Of course. You can call me if you're ready.
그러죠. 준비가 되면 부르세요.

바로바로 CHECK!
Please excuse~ 다음에 다양한 명사를 넣어보자.

1. 양해를 해준다면, 괜찮으면 (If)

2. 방해해서 미안하지만, 짐 블랙 씨인가요? (interrupt)

3. 전화받는 동안 잠시 양해를 구할게요 (while I take this call)

---

1. If you'll excuse me 2. Excuse me for interrupting, but are you Jim Black?
3. Would you excuse me for a second while I take this call?

194

It is ~, isn't it? … 그렇지 않아?

핵심문장
달달외우기

▶ 상대방에게 자기가 한 얘기의 동의를 구할 때는 사용하는 부가의문문은
▶ 문장의 주어·동사(또는 조동사)를 그대로 이용하여 뒤에 부정의 의문문을 만든다.
▶ 먼저 문장이 긍정일 경우 부정으로 부가의문문을 만들어보자.

It's a beautiful day, **isn't it?**	날씨 좋네, 그렇지?
You're a newcomer, **aren't you?**	신입사원이군요, 그렇죠?
This is a nice party, **isn't it?**	근사한 파티네요, 그렇죠?
He likes Carry, **doesn't he?**	걘 캐리를 좋아하지, 그렇지?
Mina can speak French, **can't she?**	
미나는 불어를 할 줄 알죠, 그렇죠?	
The meeting is at 10, **isn't it?**	회의가 10시죠, 그렇죠?

네이티브처럼
말해보기

A: This place is really large and confusing.
이곳은 굉장히 넓고 복잡하네요.

B: **You're** a newcomer, **aren't you?** 처음 오신 분이군요, 그렇죠?

A: **This is** a nice party, **isn't it?** 근사한 파티네, 그렇지?

B: No, I'm not enjoying myself very much. 아니, 난 별로 즐겁지 않은걸.

바로바로 CHECK!
긍정문~, 다음에 다양한 부정의 부가의문문을 넣어보자.

1. 믿기 힘들지 않아요? (hard to)

2. 너 새러 알지, 그렇지 않아? (know)

3. 걔 운전하지, 그렇지 않아? (drive)

1. It's hard to believe, isn't it? 2. You know Sarah, don't you? 3. She can drive, can't she?

It's not~, is it? …그렇지?

핵심문장
달달외우기

▶ 이번에는 자기가 말하는 내용이 부정일 경우의 부가의문문으로
▶ 문장의 주어·동사(또는 조동사)를 그대로 이용하여 뒤에 긍정의 의문문을 만든다.
▶ 부정문의 (조)동사를 긍정으로 바꿔 의문문으로 만들어보는 훈련을 해보자.

It's not warm, is it?	따뜻하지 않네요. 그렇죠?
You didn't tell her, did you?	너 걔한테 얘기 안했지. 그렇지?
He can't cook, can he?	걔 요리를 못하는구나. 그렇지?
The room isn't large, is it?	방이 넓지 않네. 그렇지?
You're not the owner, are you?	당신은 주인이 아니군요. 그렇죠?

네이티브처럼
말해보기

A: I know you want to date Liz. 리즈하고 데이트하고 싶어하는 거 알아.

B: **You didn't tell her, did you?** 걔한테 말 안했지. 그렇지?

A: **He can't cook, can he?** 걔 요리 못하잖아. 그렇지?

B: No, but I think he's planning to take us to a nice restaurant. 못하지. 하지만 우릴 근사한 레스토랑에 데려가려고 하는 것 같아.

바로바로 CHECK!
부정문. ~ 다음에 다양한 긍정의 부가의문문을 넣어보자.

1. 위험하지 않아. 그지? (dangerous)

2. 그럴려고 그런 건 아니잖아. 그지? (mean it)

3. 회사 관둘 생각은 아니겠지. 그지? (quit your job)

1. It's not dangerous, is it? 2. You didn't mean it, did you?
3. You're not thinking of quitting your job, are you?

What a~! 정말 …해!

핵심문장
달달외우기

▶ 가장 쉽게 감탄문을 만드는 방법은 What a+명사!이다.
▶ What a 다음에 칭찬(비난)하고 싶은 명사를 넣어주면 된다.
▶ 물론 복수명사나 셀 수 없는 명사의 경우에는 a가 들어가지 않는다.

What a wonderful world!	얼마나 멋진 세상인지!
What a rude man!	이렇게 예의없는 남자를 봤나!
What a surprise!	놀랍기도 하지!
What a cute[beautiful, pretty] girl! 세상에, 여자애가 예쁘기도 하지!	
What lovely flowers!	어머나, 꽃들이 참 예쁘기도 해라!
What beautiful weather!	날씨 참 좋다!

네이티브처럼
말해보기

A: Look at this. It's a picture of my girlfriend. 이것봐. 내 여친 사진이야.

B: **What a** pretty girl! 세상에, 정말 예쁘다!

A: **What** beautiful weather! 날씨 참 좋다!

B: Yeah, I always love it when spring weather arrives.
그러게. 난 늘 봄날씨가 되면 너무 좋더라.

바로바로 CHECK!
What a~! 다음에 다양한 명사를 넣어보자.

1. 저런! (a pity)

2. 참 좋은 생각이군요! (a great idea)

3. 집이 참 멋진군요! (a lovely house)

1. What a pity! 2. What a great idea! 3. What a lovely house you have!

Be~ ···해

핵심문장
달달외우기

▶ 명령문은 Be+형용사/명사, 동사~ 및 부정명령 등 크가지형태가 있다.

▶ be동사 명령문은 주로 상대에게 어떤 상태가 될 것을 요구하는 패턴이다.

▶ 먼저 Be+형용사/명사 형태의 명령문을 살펴보자.

Be nice	상냥하게 굴어
Be quiet	조용히 해
Be punctual	시간 좀 지켜
Be good to your friends	친구들하고 사이좋게 지내
Be honest with me	나한테 좀 솔직해 봐
Be a man	남자답게 굴어

네이티브처럼
말해보기

A: It's Friday the thirteenth. **Be** careful. 오늘 13일의 금요일이야. 조심해.

B: Are you serious? I didn't know you were superstitious.
진심이야? 네가 미신을 믿는 줄은 몰랐는걸.

A: Honey! I'm home. 여보! 나 왔어.

B: **Be** quiet. Amy has just fallen asleep.
조용히 해요. 에이미가 지금 막 잠들었다구요.

바로바로 CHECK!
Be~ 다음에 다양한 형용사를 넣어보자.

1. 조급하게 굴지마 (patient)

2. 진정해라 (cool)

3. 조심해 (careful)

1. Be patient 2. Be cool 3. Be careful

Take~ ...해

핵심문장
달달외우기

▶ take는 「잡다」, 「취하다」라는 의미를 갖는 기본동사로
▶ Take+명사의 형태로 다양한 명령문을 만든다.
▶ 엘리베이터 등을 「타다」, 「약을 먹다」, 그리고 「...을 취하다」 등으로 쓰인다.

Take your time	시간을 갖고 천천히 하라
Take the number 28 bus	28번 버스를 타세요
Take this medicine	이 약을 드세요
Take care of yourself	몸조심해(=Take care, 작별인사)
Take it easy	살살 해
Take the subway	지하철을 타세요

네이티브처럼
말해보기

A: How do I get downtown from here? 여기서 시내로 어떻게 가요?

B: **Take** the number 28 bus. 28번 버스를 타세요.

A: Here, **take** this medicine. 자. 이 약 먹어.

B: Will it help me get rid of my cold?
이거 먹으면 감기를 떨어뜨리는 데 도움이 될까?

바로바로 CHECK!
Take~ 다음에 다양한 명사를 넣어보자.

1. 숨을 깊게 들이쉬어, 진정해 (a deep breath)

2. 받든지 말든지 알아서 해 (leave)

3. 하루 쉬어 (take off)

1. Take a deep breath 2. Take it or leave it 3. Take a day off

왕초보탈출패턴

199

Don't be~ …하지마

핵심문장
달달외우기

▶ 지금까지 배운 「…해라」라는 긍정명령문의 반대인 부정명령문 형태는

▶ Don't be~, Don't+동사, 그리고 Never~ 등으로 「…하지 말라」는 의미이다.

▶ 먼저 Don't be+형용사 형태의 부정명령문을 살펴본다.

Don't be late	늦지마
Don't be sorry	미안해하지마
Don't be noisy	시끄럽게 굴지마
Don't be silly	바보같이 굴지마
Don't be nervous	긴장하지마

네이티브처럼
말해보기

A: I'll pick you up tomorrow at 7 a.m. 내일 아침 7시에 데리러 올게.

B: **Don't be** late. 늦지마.

A: **Don't be** sorry. You'll learn from your mistake.
미안해하지 말아요. 실수를 하면서 배우는 거니까.

B: You're so kind. 정말 자상하시네요.

바로바로 CHECK!
Don't be~ 다음에 다양한 형용사를 넣어보자.

1. 웃기지마, 말도 안돼 (ridiculous)

2. 화내지마! (be upset)

3. 내게 너무 심하게 하지마 (hard on)

1. Don't be ridiculous 2. Don't be upset! 3. Don't be so hard on me

왕초보달출패턴

200

Don't~ …하지마

▶ 가장 일반적으로 많이 쓰이는 부정명령문 형태로

핵심문장
달달외우기

▶ Don't 다음에 동사원형을 붙이면 된다.

▶ Don't worry (about it), Don't do that 등이 대표적인 표현들이다.

Don't worry about it	(그것에 대해서) 걱정하지마
Don't do that	그런 짓하지마
Don't bother me	귀찮게 하지마
Don't forget to call him	걔한테 전화하는 거 잊지마
Don't cry	울지마

네이티브처럼
말해보기

A: I'm so sorry. I made a big mistake. 정말 미안해. 내가 큰 실수를 했어.

B: **Don't** worry about it. It's not a big deal. 걱정하지 마. 별거 아니야.

A: It's your uncle's birthday. **Don't** forget to call him.
삼촌 생신이야. 전화드리는거 잊지마.

B: I'll do that right now. 지금 전화할게.

바로바로 CHECK!
Don't~ 다음에 다양한 동사를 넣어보자.

1. 걱정하지마 (a second thought)

2. 기분 나쁘게 받아들이지마 (take it personally)

3. 한 마디도 하지마 (say a word)

1. Don't give it a second thought 2. Don't take it personally 3. Don't say a word

Never~ …하지마

핵심문장
달달외우기

▶ Don't~ 처럼 많이 쓰이지는 않지만
▶ Never+동사는 Don't~보다 좀더 강한 의미를 나타낸다.
▶ Never mind, Never say die 등이 대표적이다.

Never mind	신경쓰지 마
Never give up	절대 포기하지마
Never say die	약한 소리 하지마

네이티브처럼
말해보기

A: You shouldn't quit. **Never** give up. 그만두면 안돼. 절대 포기하지 마.
B: But this is really difficult to do. 하지만 정말 어려운 일이란 말야.

A: I can't find a good job. 적당한 일자리를 찾을 수가 없네.
B: **Never** say die. You must keep trying.
약한 소리 마. 계속 시도해봐야 한다구.

바로바로 CHECK!
Never~ 다음에 다양한 동사를 넣어보자.

1. 절대 거짓말 하지마 (tell a lie)

2. 자동차 영업사원은 절대 믿지마 (a car salesman)

3. 아내가 절대 바람피지 않도록 해 (cheat on)

1. Never tell a lie 2. Never trust a car salesman 3. Never let your wife cheat on you

왕초보탈출패턴

202

Let's~ …하자

핵심문장
달달외우기

▶ 동사 let은 'let+목적어+동사'의 형태로 '허용하다,' '놔두다'라는 의미로

▶ Let us+동사, Let me+동사 등의 중요한 패턴으로 만들어낸다.

▶ Let's+동사 패턴은 바로 Let us+동사를 축약한 것으로 「…하자」라는 의미.

Let's go to the movies	영화보러 가자
Let's try this one	이거 한번 먹어보자[해보자]
Let's take a coffee break	잠깐 커피 마시며 쉬자구
Let's go Dutch	더치페이 하자
Let's play golf this weekend	이번 주말에 골프치자

네이티브처럼
말해보기

A: We've been working hard all morning. 오전 내내 열심히 일했네.

B: I agree. **Let's** take a coffee break. 맞아. 잠깐 커피 마시면서 쉬자.

A: **Let's** play golf this weekend. 이번 주말에 골프치자.

B: We can't. It's supposed to rain. 안돼. 비가 온댔어.

바로바로 CHECK!
Let's~ 다음에 다양한 동사를 넣어보자.

1. 연락하고 지내자구! (keep in touch)

2. 자 일을 시작하자 (get down to)

3. 행운을 빌어보죠 (keep our fingers crossed)

1. Let's keep in touch! 2. Let's get down to business 3. Let's keep our fingers crossed

Let me~ …할게

핵심문장
달달외우기

▸ Let me+동사는 직역하면 「내가 …하게 해줘」라는 의미이지만
▸ 허락을 구하는 것이 아니라 뭔가 제안하거나 알려주는 정도의 표현으로
▸ 「내게 …해줘」 혹은 「내가 …할게」라는 의미이다.

Let me think about it	(그것에 대해) 생각해볼게
Let me see	어디 보자…(잠깐 생각해볼 때)
Let me help you with your baggage	
짐 드는 것 도와줄게요	
Let me get you some coffee	내가 커피 갖다줄게
Let me ask you a question	뭐 하나만 물어보자

네이티브처럼
말해보기

A: **Let me** help you with your baggage. 짐 드는 것 도와줄게요.

B: Thanks. These suitcases are heavy. 감사합니다. 여행가방들이 무겁네요.

A: I feel really sleepy. 굉장히 졸려.

B: **Let me** get you some coffee. It will wake you up.
내가 커피 갖다줄게. 잠이 깰 거야.

바로바로 CHECK!
Let me~ 다음에 다양한 동사를 넣어보자.

1. 재확인해보죠 (double check)

2. 내가 한번 보죠 (take a look at)

3. 신용카드로 계산하겠어요 (pay for)

1. Let me double check 2. Let me take a look at it 3. Let me pay for it with my credit card

204 왕초보탈출패턴

Let me know~ ···을 알려줘

핵심문장
달달외우기

▸ Let me~ 형태중 가장 많이 쓰이는 응용패턴은 Let me know~이다.

▸ 단독으로도 「내가 알게 해줘」 즉 「내게 알려줘」라는 의미인데

▸ Let me know 다음에 의문사절이나 의문사+to+동사를 붙여 쓰면 된다.

Let me know what you think   네가 어떻게 생각하는지 알려줘

Let me know when you can come
언제 올 수 있는지 알려줘

Let me know how to use it   이거 어떻게 사용하는지 알려줘

Let me know where you go   어디로 가는지 알려줘

네이티브처럼
말해보기

A: **Let me know** what you think. 네 생각은 어떤지 알려줘.

B: Hmm… I have to think about it for a second.
음… 잠깐 생각 좀 해봐야겠어.

A: **Let me know** when you can come. 언제 올 수 있는지 알려줘.

B: I have free time this Friday. 이번 주 금요일에 시간 있어.

바로바로 CHECK!
Let me know~ 다음에 다양한 의문사절이나 의문사구를 넣어보자.

1. 질문사항이 있으면 말씀해 주세요 (have any questions)

2. 그 쪽에서 뭐라고 그러는지 알려줘 (what they say)

3. 네 생각이 어떤지 알려줘 (what you think)

1. Let me know if you have any questions 2. Let me know what they say
3. Let me know what you think

226 맨처음 패턴영어

205 왕초보탈출패턴

I have+pp~ …했어

핵심문장
달달외우기

▶ 과거행위가 현재까지 영향을 미치는 경우인 현재완료(have+pp)는
▶ 계속되다가 방금 막 끝난 '동작,' '경험'(…한 적이 있다), 지금도 계속되고
있는 '상황, 그리고 결과(…해버렸다) 등을 표현할 때 쓴다.

I have lost my key	열쇠를 잃어버렸어
I have just read a book	[방금 끝난 동작] 책을 방금 다 읽었어
I have visited New York	[경험] 뉴욕에 가본 적이 있지
I have been in New York for 3 years	
[계속되는 상황] 3년째 뉴욕에 살아	
He has gone to New York	[결과(…해버렸다)] 걘 뉴욕으로 가버렸어
I have met Brad Pitt	나 Brad Pitt를 만나본 적 있어

네이티브처럼
말해보기

A: **I have visited** London. 나 런던에 가본 적 있는데.

B: Really? My brother has lived there for 3 years.
그래? 우리 형이 거기서 3년째 살고 있는데.

A: **I have lost** my key. 나 열쇠를 잃어버렸어.

B: Did you look in your bag? 가방 안은 살펴봤어?

바로바로 CHECK!
I have~ 다음에 다양한 동사의 pp를 넣어보자.

1. 하루종일 재채기를 해대고 있어 (sneeze)

2. 내일 아주 특별한 행사를 가지려고 계획했어요 (a very special day)

3. 난 정말 그걸 생각해본 적이 없어 (think about it)

---

1. I have been sneezing all day 2. I have planned a very special day for us tomorrow
3. I have never really thought about it

핵심문장
달달외우기

▶ 전통문법에서는 가정법 현재라고 하지만 가정법이라기 보다는

▶ 단순한 미래의 조건을 표현하는 패턴으로 보는 것이 일반적이다.

▶ 「…라면 …할게」라는 뜻으로 일상회화에서 많이 쓰인다.

If he doesn't go, **I won't** go either
걔가 안가면 나도 안가

If it is true, **I will** fire him
그게 사실이라면 그 녀석을 해고할거야

If you get some beer, **I will** buy a pizza
네가 맥주를 사온다면 내가 피자를 사지

If you get an A, **I will** buy you a nice dress
네가 A를 받아오면 근사한 옷 사줄게

네이티브처럼
말해보기

A: Are you going to the party tomorrow night? 낼밤 파티에 갈거니?

B: **If** Derrick goes, **I'll** go too. 데릭이 가면 나도 갈 거야.

A: **If** you get some beer, **I will** buy a pizza.
네가 맥주를 사온다면 내가 피자를 사지.

B: That sounds good to me. 그게 좋겠다.

바로바로 CHECK!
If+현재, I will~ 다음에 다양한 동사를 넣어보자.

1. 소식하면 살이 빠질거야 (lose weight)

2. 네가 방을 치우면 돈을 줄게 (clean the room)

3. 서두르면 걔를 만날 수 있을거야 (be able to)

1. If I eat less, I'll lose weight 2. If you clean the room, I'll pay you

3. If we hurry we'll be able to meet her

If I+과거, I could~ …라면 …할텐데

핵심문장
달달외우기

▶ 과거동사가 쓰이기는 하지만 모양만 과거일뿐 의미는 현재이다.
▶ 「…라면 …할텐데」라며 현재사실과 반대되는 것을 가정해볼 때 사용한다.
▶ 후회와 아쉬움 그리고 소망이 새겨진 표현법이다.

If I won the lottery, **I could** buy you something nice
내가 복권에 당첨된다면 너한테 뭔가 근사한 걸 사줄 수 있을텐데

If I knew her phone number, **I would** call her
걔 전화번호를 알고 있으면 전화할텐데

If I were rich, **I would** have a vacation home
내가 부자라면 별장을 갖고 있을텐데

If I won the game, **Mom would** be happy
내가 이 시합 이기면 엄마가 기뻐할텐데.

네이티브처럼
말해보기

A: **If I** knew her phone number, **I would** call her.
걔 전화번호를 안다면 전화할텐데.

B: Didn't you ask her for it? 가르쳐달라고 안했어?

A: **If I** were rich, **I would** have a vacation home.
내가 부자라면 별장이 있을텐데.

B: Get real! 꿈 깨라!

바로바로 CHECK!
If+과거, I could~ 다음에 다양한 동사를 넣어보자.

1. 걔 전화번호를 알면 전화할텐데 (have her phone number)

2. 키가 크다면 농구선수가 되었을텐데 (a basketball player)

3. 걔가 미혼이라면 내가 청혼했을텐데 (ask~ to marry)

1. If I had her phone number, I would call her 2. If I were tall, I could be a basketball player
3. If she were not married, I'd ask her to marry me

208

왕초보탈출패턴

If I had~, I would have~

…했더라면 ~했을텐데

핵심문장
달달외우기

▶ 이번에 지나간 과거사실과 반대되는 것을 말할 때 사용하는 패턴으로
▶ 「…했더라면 ~했을텐데」하면서 이미 지난 과거의 일을 후회하는 표현이다.
▶ 역시 과거완료시제들이 쓰였지만 실제 내용은 과거이다.

If I had known it, **I wouldn't have** gone there
그 사실을 알았더라면, 거기 가지 않았을텐데

If he had not liked it, **he would have** told you
그게 맘에 안들었으면 걔가 너한테 얘길 했겠지

If I had had a key, **I could have** gone in
열쇠가 있었으면 들어갈 수 있었을텐데

If I had seen you, **I would have** said hello
내가 널 봤더라면 인사 했겠지

네이티브처럼
말해보기

A: **If I had** known it, **I wouldn't have** gone there.
　　그 사실을 알았더라면 거기 안갔을텐데 말이야.

B: But you went. Don't regret it. 하지만 갔었잖아. 후회하지 말라구.

A: Why did you let her leave? 왜 걔를 떠나보냈어?

B: **If I had** said no, **she would have** killed me.
　　안된다고 했으면 날 죽였을거야.

바로바로 CHECK!
If I had+pp, I would have~ 다음에 다양한 동사의 pp를 넣어보자.

1. 걔에게 청혼했으면 걔 남편이 되었을텐데 (ask her to)

2. 부동산에 투자했더라면 돈을 많이 벌었을텐데 (real estate)

3. 내가 그걸 전에 말했더라면 놀라운 일이 아니었을텐데 (a surprise)

1. If I had asked her to marry me, I'd have been her husband 2. If I had invested in real estate, I'd have made a lot of money 3. If I told you that before, it wouldn't have been a surprise

I wish~ …라면 좋겠는데

핵심문장
달달외우기

▶ 가정법이라고 해서 반드시 if절과 주절로 이루어져 있는 것은 아니다.

▶ I wish~가 대표적인 경우로 I wish+S+V의 과거형이면 「…라면 좋겠는데」,

▶ I wish+주어+had+pp하면 「…였다면 좋았을텐데」라고 과거를 후회하는 패턴.

I wish you knew	네가 안다면 좋겠는데
I wish I had studied harder	좀더 열심히 공부했더라면 좋았을텐데
I wish I could go with you	너하고 같이 가면 좋을텐데
I wish I were rich	내가 부자라면 좋을텐데
I wish I hadn't done that	그러지 않았더라면 좋았을텐데
I wish I had a car	내가 차를 갖고 있다면 좋을텐데

네이티브처럼
말해보기

A: I'm going to visit Paris this summer. 올 여름에 파리에 갈 거야.

B: **I wish** I could go with you. 나도 같이 갈 수 있으면 좋으련만.

A: I heard you were drunk and broke a window yesterday.
듣자하니 너 어제 취해서 창문을 깼다면서.

B: Yeah. **I wish** I hadn't done that. 그러지 않았더라면 좋았을 것을.

바로바로 CHECK!
I wish~ 다음에 다양한 주어+과거/주어+과거완료를 넣어보자.

1. 우리가 함께면 좋을텐데 (be together)

2. 구글에 투자할 걸 (invest in)

3. 나도 그랬으면 좋을텐데 (do that)

1. I wish we were together 2. I wish I had invested in Google 3. I wish I could do that

If I were you~, I would~
내가 너라면 …할텐데

핵심문장
달달외우기

▶ 굳어진 if 가정법 과거용법 패턴중 하나로

▶ 「내가 …라면 …할텐데」라는 의미의 문장이다.

▶ If I were you 대신 If I were in your shoes(내가 네 입장이라면)라고도 함.

If I were you, I would tell her everything
내가 너라면 말야. 걔한테 전부 말해버릴텐데

If I were you, I would go to see a doctor
내가 너라면 병원 가볼거야

If I were you, I would call her right now
내가 너라면 당장 걔한테 전화한다

네이티브처럼
말해보기

A: **What if she learns my secret?** 걔가 내 비밀을 알게 되면 어쩌지?

B: **If I were you, I would tell her everything.**
내가 너라면 걔한테 전부 얘기하겠다.

A: **My ear really hurts.** 귀가 무지 아파.

B: **If I were you, I would go to see a doctor.** 내가 너라면 병원 가보겠다.

바로바로 CHECK!
If I were you, I would[could]~ 다음에 다양한 동사를 넣어보자.

1. 내가 네 입장이라면 그만두지 않을거야 (quit)

2. 내가 너라면 거기 안 들어갈거야 (go in there)

3. 나라면 오늘밤에 복권 한 장 사겠어 (buy a lottery ticket)

1. If I were in your shoes, I wouldn't quit 2. If I were you, I wouldn't go in there
3. If I were you, I'd be buying a lottery ticket tonight

I should have~ …했어야 했는데

핵심문장
달달외우기

▶ 역시 가정법 응용패턴으로 가정법 과거완료에서 if절이 생략된 경우이다.

▶ 과거에 대한 후회의 감정이 듬뿍 담긴 문장으로

▶ 과거에 「…을 했어야 했는데」 그때 그러지 못했다는 내용이다.

I should have gotten up early this morning
오늘 아침에 일찍 일어났어야 했는데

I shouldn't have bought this new car
이 새 차를 사지 말았어야 했는데

I shouldn't have met him 걔 만나지 말았어야 했어

네이티브처럼
말해보기

A: **I shouldn't have** bought this new car. 이 새 차를 사지 말았어야 했어.

B: Was it too expensive for you? 너한테는 너무 비싼 차였니?

A: **I should have** gotten up early this morning.
오늘 아침에 일찍 일어났어야 했는데.

B: Yeah, maybe you wouldn't have failed your presentation.
그러게. 그랬으면 아마 프리젠테이션 망치지 않았을텐데.

바로바로 CHECK!
I should have~ 다음에 다양한 동사의 pp를 넣어보자.

1. 오래 전에 집에 도착했어야 하는데 (long ago)

2. 표를 다시 한번 확인해봤어야 했는데 (double check)

3. 걔한테 물어봤어야 하는데 (ask)

1. We should have been home long ago 2. I should have double checked my ticket
3. I should have asked him